KB141851

오늘은
유전자가위

오도독 05

김응빈 지음

세상을 바꿀
만능 가위의 등장

오늘은
유전자
가위

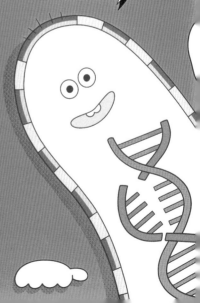

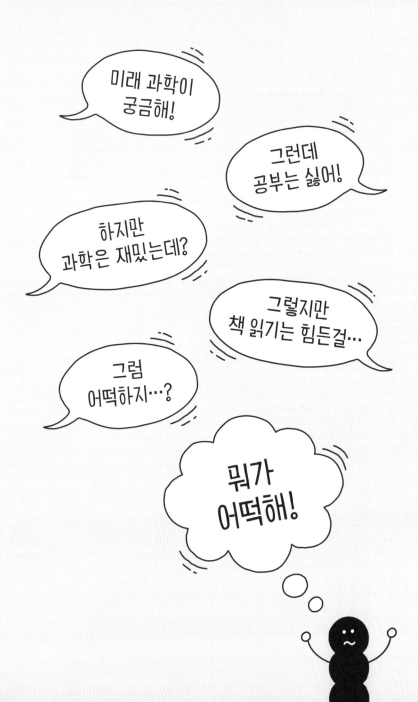

짠!

앉은 자리에서
뚝딱 끝낼 수 있는
과학 지식이 여기 있잖아!

짧고 굵고 빠삭하게, 최신 과학을 과자처럼

오늘도 가볍게
완독!

완독 후 마무리를 도와줄 [찜 노트]는 여기 있다!
문해력·발표력·토론력·창의력 활동 모음

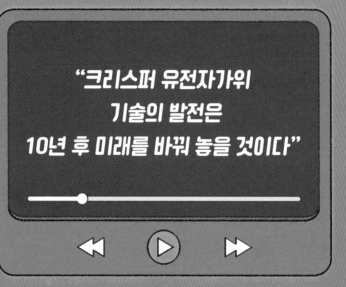

"크리스퍼 유전자가위
기술의 발전은
10년 후 미래를 바꿔 놓을 것이다"

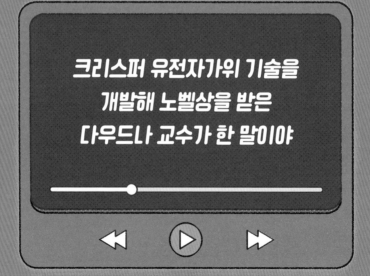

크리스퍼 유전자가위 기술을
개발해 노벨상을 받은
다우드나 교수가 한 말이야

실제로 유전자가위를 이용한
난치병 치료제가 나오고 있지

앞으로 닥칠 식량 위기의
대안으로도 떠오르고 있어

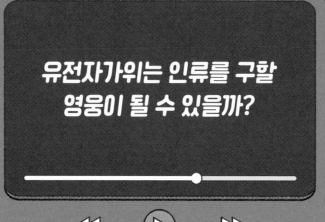

유전자가위는 인류를 구할
영웅이 될 수 있을까?

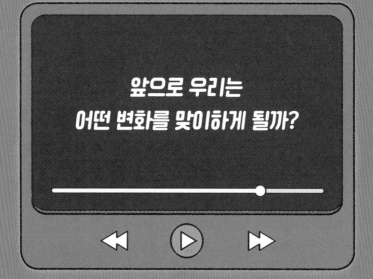

앞으로 우리는
어떤 변화를 맞이하게 될까?

지금부터
나를 따라와!

SF 영화 같은
유전자가위 이야기를
들려줄게!

DNA는 어떻게 전해질까?

DNA를 바꿀 수 있냐고? 물론이지! 그런데 얘들아, 먼저 뭐 하나 물어보자. DNA가 뭐니? 'DNA = 유전물질'이라고? 오호라, 제법인데. **DNA**는 생명체의 모든 생물학적 정보를 담고 있는 유전 물질이야. 동서양을 막론하고 '그 아버지에 그 아들' 같은 속담이 있는 걸 보면 인류는 오래전부터 부모에서 자식으로 무언가가 전해진다는 사실을 알고 있었음이 분명해.

　다만 옛사람들은 빨간색 물감과 하얀색 물감이 섞이면 분홍색 물감이 되듯이 부모에서 온 유전물질이 자손 대에서 섞인다고 믿었지. 그래서 빨간색 꽃이 피는 식물과 흰색 꽃이 피는 식물이 만나 생긴 자손은 분홍색 꽃을 피울 거라고 생각했어. 과연 그럴까?

멘델의 유전법칙

1800년대 중반, 오스트리아의 시골 마을에 있는 수도원에 완두콩 키우기에 진심인 신부님이 계셨대. 어려서부터 자연에 호기심이 많았던 그는 농사 그 이상의 과학 실험을 하고 있었지. 완두콩을 세대를 거듭해 키우면서 말이야. 이쯤 되니 누군지 알겠지? 이른바 '유전학의 아버지'로 통하는 멘델이야.

　자손의 특성은 부모에게서 물려받는다는 원칙을 바

유전법칙을 발견한 멘델

탕으로 멘델은 꽃 색 또는 콩 모양이 서로 다른 완두콩을 선택해서 교배했어. 그러고는 새로 자라난 완두콩 나무를 대상으로 각 특징을 보이는 콩의 개수를 세어 보았지. 그랬더니 교배된 식물의 바로 다음 세대에서는 하나의 특징만 나타나는 거야. 예컨대, 빨간 꽃과 흰 꽃 완두콩 나무를 교배하면 모두 빨간 꽃을 피웠단 말이지. 당시로서는 뜻밖의 놀라운 결과였어. 거의 모든 사람이 분홍 꽃을 예상하던 시절이었으니까.

멘델 하면 우성과 열성이 떠오를 거야. 멘델은 빨간 꽃처럼 첫 세대 자손에서 나타나는 특징을 **우성**, 흰색 꽃처럼 가려진 특징을 **열성**이라고 불렀어. 여기서 말하는 우열은 우월과 열등의 의미가 아니라 어떤 특징이 드러나거나 가려짐을 뜻해. 이 사실을 꼭 기억하기를 바란다.

그리고 멘델은 이렇게 각 특성을 결정하는 유전 단위를 '인자'라고 했어. 지금은 **유전자**라고 부르지. 유전자는 세포 속 핵에 있는 DNA에 보관되어 있어. DNA가 컴퓨터의 하드 디스크라면, 유전자는 거기에 저장된 파일에 비유할 수 있어. 유전자는 부모에서 자손으로 전해져. 다시 말해서, 유전자를 엄마와 아빠에게서 하나씩 받으니까 모든 자손은 하나의 특성에 대해 유전자를 2개씩 지닌단 말이야. 이걸 기호로 표시하면 멘델 유전을 좀 더 쉽게 이해할 수 있단다.

빨간색과 흰색 유전자를 각각 R과 W로 표시하자. 애초에 빨간 꽃과 흰 꽃 완두콩에는 각각 RR과 WW 유전자가 있었어. 그러면 이 둘을 짝지어 생겨난 1세대 완두콩은 R과 W를 각각 하나씩 물려받아 RW가 되겠지. R

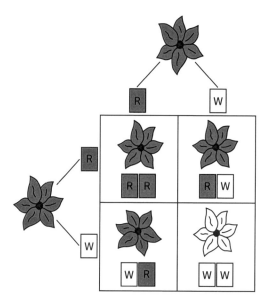

완두콩 유전자의 전달 원리

이 우성이라서 W 유전자가 있어도 첫 세대에는 모두 빨간색 꽃을 피운단 말이야. 자, 이제부터 더욱 주목! RW 유전자를 지닌 완두콩끼리 짝짓기해서 탄생한 2세대 완두콩에서는 RR, RW, WR 또는 WW가 나타날 수 있겠지. 무작위로 전해지는 거니까, 각 조합이 나올 확률은 똑같을 테고.

이 가운데 오직 WW 조합만이 흰 꽃을 피우고, 나머지 꽃은 모두 빨간색이지. 표본의 크기가 충분히 커지면 빨간 꽃과 흰 꽃의 비율은 3:1이 될 거야. 흔히들 이러한 유전법칙을 발견한 것을 멘델의 가장 큰 업적으로 여기지. 그런데 생물학적으로 더욱 중요하게 여기는 멘델의 연구 성과는 유전자가 세대를 거듭해도 섞이지 않고 고유한 정체성을 유지하는 '입자'라는 사실을 입증한 거야. 변하지 않는 정체성을 유지하는 입자의 정체는 약 100년 뒤인 1953년에 밝혀졌지. 바로 DNA야!

근대 생물학의 탄생

멘델을 소개하며 이야기를 시작했잖아. 이건 이유가 있어. 멘델이 활동하던 시기에 영국에서는 그 유명한 찰스 다윈이 엄청난 책을 출판했지. 바로 《종의 기원》이야. 제목만 보고 흔히 생명체의 탄생을 떠올리는데, 이 책은 생

《종의 기원》을 쓴 다윈

물의 기원을 말하지 않아. 새로운 종의 기원, 그러니까 기존 생명체에서 어떻게 새로운 생명체가 생겨날 수 있는지를 설명해. 한마디로 생명체의 '기원'이 아니라 '변화'를 말하고 있어. 무엇에 따라 변하냐고? 바로 **자연선택**이지. 환경에 맞는 생물은 생존하고, 그러지 못한 생물은 사라져 간다는 거야.

자세히 설명해 줄게. 생명체는 생존과 번식에 필요한 것이 있는 환경에서만 살 수 있어. 그런데 이 환경이 늘 바뀌고 있으니, 변화에 적응하지 못한다면 살아남기가 어렵겠지. 바꾸어 말하면 현존하는 모든 생물종은 오랜 시간 동안 예측할 수 없는 환경 변화에 잘 적응해 왔다고 볼 수 있어.

여기서 중요한 건, 환경 변화는 예측할 수 없다는 거야. 그러니까 환경이 변한 다음 이에 맞춰 생명체가 변하는 게 아니지. 생명체는 항상 무작위로 변해. 그렇기에 모든 생명체 집단 안에는 다양한 변이체가 존재하기 마련이야. 이런 상황에서 변화한 환경에 적합한 개체만이 살아남지.

따라서 생명체의 적응이란 생물학적 변이가 우연히

환경 변화와 맞아떨어진 결과인 셈이야. 이게 바로《종의 기원》에 담겨 있는 핵심 내용이야. 사실《종의 기원》은 긴 제목을 줄인 거야. "자연선택에 따른 종의 기원, 또는 생존 경쟁에서 유리한 종의 보존에 대하여"라는 원래 제목에 책 내용이 정확하게 담겨 있지.

그런데 말이야, 다윈과 멘델은 결국 같은 것을 다른 시각으로 보았던 거야. 느닷없이 무슨 소리냐고? 내 말 한번 들어봐. 다윈은 부모와 자식이 대체로 닮았지만 조금씩 다름을 인지하고 이를 '변형혈통'이라고 불렀어. 풀어서 말하면 후대로 가면서 무언가가 변한다는 뜻이지. 멘델의 업적을 기억하지? 부모가 자식에게 전달하는 무언가에 일정한 규칙이 있음을 밝혀냈잖아. 현대 생물학 용어로 얘기하면, 다윈은 유전 과정에서 유전자가 변한다는 사실을, 멘델은 유전자가 전달되는 원리를 간파한 것이지!

멘델과 다윈의 생각을 합치면 유전의 기본 원리가 확립되는 건데, 당시로서는 불가능한 일이었어. 한 사람은 수도원에 있고 다른 한 사람은 조용히 공부와 연구를 즐기고 있었거든. 그런 데다 지금처럼 소통 수단이 발달한 시대가 아니라 서로 교류할 수 없었지.

1930년대에 와서야 후대 과학자들이 두 사람의 견해를 합쳤어. 그 후 DNA의 작동 원리를 연구하는 분자생물학의 발전으로 유전자의 정체가 드러났고, 돌연변이로 생긴 유전 변이가 자연선택을 받아서 생물의 진화를 일으킨다는 사실도 밝혀진 거야.

'단백질 언어'의 역할

보통 다윈의 진화론과 멘델의 유전법칙이 세상에 알려진 19세기 중반을 근대 생물학의 출발점으로 여겨. 이후 100년이 채 지나지 않은 1953년, 유전물질의 실체인 DNA의 구조가 밝혀졌지. 분자생물학은 이때부터 탄생할 수 있었어. 분자생물학 분야의 눈부신 연구 성과는 생명 현상도 물리와 화학으로 설명할 수 있음을 보여 주었다는 거야. 아까 살펴본 대로, DNA에 있는 정보를 끄집어내는 과정, 다시 말해 단백질을 합성하는 과정은 두 단계를 거쳐 일어나.

먼저 DNA의 특정 부위가 RNA로 읽히고 이 정보에 따라 해당 단백질이 만들어져. 그러니까 세포에서 일어나는 생명현상은 기본적으로 유전자 발현이라고 할 수 있어. 쉽게 말해서 DNA의 염기서열(염기순서)에 담겨 있는 정보를 읽어 내고 단백질로 만드는 과정이지. 이 과정을 좀 더 자세히 말하면, 우선 DNA에 있는 정보가 RNA로 전해진 다음, 이 정보에 따라 세포질에서 단백질을 만드는 거야. 첫 단계를 '전사', 두 번째 단계를 '번역'이라고 한단다.

전사轉寫의 한자를 우리말로 풀면, 글이나 그림 따위를 옮겨 베낀다는 뜻이야. DNA와 RNA의 기본 화학 성분과 구조가 거의 같다는 사실에 비추어 보면, DNA의 유전정보가 RNA에 옮겨지는 과정을 '전사'라고 부르는 이유를 알겠지.

이에 반해 RNA로 복사된 유전정보가 단백질로 바뀌는 과정은 '번역'이야. 아데닌, 구아닌, 사이토신, 티민이라는 4개의 염기로 된 DNA 언어가 20개의 아미노산으로 이루어지는 '단백질 언어'로 바뀌는 과정이라는 뜻에서 번역이라고 하지.

한마디로 정리하면, 생명현상이란 같은 문법으로 쓰인 정보의 흐름인 셈이지. 적어도 분자생물학적으로는 말이야.

21세기의 생물학, 시스템생물학

'생명시스템대학 시스템생물학과'에서 학생들을 가르친다는 내 소개를 보고 '생명시스템'은 뭐고, '시스템생물학'은 또 뭐냐고 묻는 친구가 많아서 이에 대한 답변으로 1장을 마무리하려고 해. 그냥 두 단어에서 시스템을 빼봐. '생명대학 생물학과', 이제 이해하기 쉽지. 그런데 왜 쓸데없이 시스템을 넣어서 어렵게 만들었냐고? 좋은 질문이다. 자, 내 얘기 잘 들어봐.

국립국어원 표준국어대사전 정의에 따르면, 시스템system이란 '필요한 기능을 실현하기 위해 관련 요소를 어떤 법칙에 따라 조합한 집합체'야. 다시 말해서 여러 구성 요소가 규칙에 따라 상호작용하거나 상호의존해서 하나로 기능하는 게 시스템이지.

생물학에서는 생물(생명체)을 일컫는 말로 **유기체**라는 말을 사용해 왔어. 영어로는 '오거니즘organism'이라고도 하는 이 말은 '기관organ의 집합체'라는 뜻이야. 기관이란 호흡기, 소화기, 순환기 따위를 이르는 말이지. 기관은 조직이 모인 거고, 조직은 또다시 세포로 나눌 수 있어.

이처럼 오거니즘은 여러 구성 요소가 하나의 시스템으로 통합되어 기능한단다. 한마디로 생명체 하나하나가 **생명시스템**이라고 할 수 있어. 그러니까 '생물 = 오거니즘 = 생명시스템'이라고 할 수 있지. 생물학에서는 세포를 가장 작은 생명시스템, 곧 생명의 최소 단위로 간주해. 따라서 단세포 생물도 하나의 생명시스템이야.

인간을 포함한 모든 생물은 흙과 같은 자연환경에 흔히 존재하는 평범한 30여 가지의 원소로 이루어져 있어. 그런데 신기하게도 이런 물질들이 복잡하게 결합하며 시스템을 이루는 과정에서 어느 순간 전에 없던 새로운 흐름인 '생명'이 나타난 거야. 단세포든 다세포든 모든 생물은 태어나서 성장하고 번식하는 활동을 하며 발생과 성장, 물질대사, 생식 및 유전을 하며 자극에 적절히 반응하면서 열심히 살아간단다. 이런 과정에서 유전자는 시스템 안팎을 오가는 다양한 신호와 얽혀 네트워크를 이루지.

따라서 생물이 살아가는 원리인 생명현상을 밝히려면 유전자의 기능을 개별적으로 아는 것만으로 충분하지 않아. 생명현상이란, 세포에서 개체에 이르기까지 모든 수준에서 정해진 규칙에 따라 구성 요소가 서로 치밀하게 연결되어 작용한 결과니까 말이야. 21세기 생물학은 수많은 유전자와 단백질, 화합물 사이를 오가는 상호작용 네트워크를 밝혀 생명현상을 이해하려고 노력하는데, 이런 방법론이 바로 '시스템생물학'이야.

몸속 내비게이션을
만드는 일

이해를 돕기 위해서 인체를 숲에 비유해 보자. 생물학 초기에는 그저 밖에서 숲을 바라보기만 했어. 저 안에 뭐가 있을지 어떻게 작동하는지 궁금했고, 이를 상상하며 설

레기도 했을 거야. 그러다 점점 숲속으로 들어가기 시작했지. 수많은 연구자가 이리저리 숲을 돌아다니며 저마다 이런저런 사실을 알아냈고, 이런 정보가 계속 쌓이면서 그 나름대로 길이 생겨났어.

그러다 마침내 2003년 생물학 역사에 기념비적인 업적이 세워졌단다. 1990년에 야심 차게 시작한 '인간 게놈 프로젝트'가 99.9%의 정확도로 마무리되었거든. 이로써 인간이라는 숲의 정밀한 지도가 완성되었어.

이제 생물학은 '유전체 지도'라고 부르는 '생명의 설계도'를 들고 생명현상을 탐구하고 있단다. 여기에 더해 RNA와 단백질을 비롯한 각종 세포 내 대사물질을 측정하고 분석하는 기술이 발달하면서 세포의 구성 요소들과 그들의 상호작용에 관한 광범위한 목록을 나날이 추가하고 다듬어 가고 있지. 마치 생명체의 몸속 내비게이션을 업데이트하듯이 말이야.

유전자가위와
풀을 발견하다

바이러스는 살아 있는 생물 세포 안에서만 증식해. 바이러스 감염에 세균도 예외는 아니야. 바이러스는 세균보다 훨씬 작아서 전자현미경으로만 볼 수 있어. 쉽게 말해서 적혈구가 야구장 크기라면, 대장균은 투수 마운드 정도고 바이러스는 야구공만 해. 1960년대 스위스의 한 생물학자가 세균에 감염해 세균만을 파괴하는 바이러스를 연구하던 중에 이상한 현상을 발견했어. 바이러스에 감염된 세균 안에서 바이러스 DNA가 일정한 패턴으로 잘리는 거야.

어쩌면 세균에 특별한 효소가 있을지도 모를 일이었어. **효소**는 보통 단백질로 이루어져 있는데, 다양한 물질을 분해하거나 합성함으로써 생명 활동을 가능하게 하지. 그 생물학자는 세균에 바이러스 DNA만을 공격하는 효소가 있다고 생각하고, 이를 '제한효소'라고 불렀어. 이 이름에는 세균이 자기 DNA는 건드리지 않고 침입한 바이러스 DNA에만 제한적으로 작용한다는 뜻이 담겨 있지.

도대체 세균이 어떻게 자기 DNA와 바이러스 DNA를 구별하냐고? 아주 좋은 질문이다. 박수, 짝짝짝! 자기 DNA에는 고유 표식을 해두거든. 화학적 표시인데, 쉽게 말하자면 유치원 가방에 매다는 네임태그 같아. 아무튼, 중요한 건 세균이 특정한 DNA만 골라 분해한다는 사실이야. 이 얘기를 들으면서 제한효소가 우리 몸에 있는 면역세포를 닮았다는 생각 안 들었어? 몸속에 침입한 이물질을 찾아 공격하는 백혈구 같은 거 말이야.

이후 연구를 통해 여러 세균에서 다양한 제한효소를 발견했어. 이 효소들은 저마다 다른 DNA 부위를 잘라. 한편 서로 다른 DNA 조각을 이어 주는 효소도 있는데, 1960년대에 제한효소보다 일찍 발견되었어. 비유하자면, 이 두 종류의 효소는 각각 '유전자 풀'과 '유전자가위'라고 할 수 있지. 과학자들은 마치 종이 공작을 할 때처럼 DNA를 자르고 붙이는 가위와 풀을 발견한 셈이야.

이윽고 1978년에는 놀라운 일이 벌어졌어. 사람의 인슐린 유전자가 들어 있는 DNA 조각을 분리해서 운반체에 연결한 다음, 이를 대장균에 집어넣어 인슐린을 생산하는 데 성공한 거야. **인슐린**은 우리 몸의 장기인 이자에서 나와 몸속 순환을 돕는 단백질성 호르몬이야. 인슐린 분비가 잘되지 않으면 당뇨병에 걸려. 그러니 인슐린을 만들어 환자에게 공급할 수 있다면 당뇨병 치료에 엄청난 도움이 되겠지? 1982년 미국식품의약국FDA은 인간의 유전자를 대장균에 삽입해 만들어 낸 인슐린 사용을 승인했어. 막 싹트던 유전공학 기술이 공식적으로 인정받은 순간이었어.

종이 공작을 하듯이 DNA를 자르고 붙일 수 있다고 했잖아. 자, 원하는 DNA 조각을 운반체에 넣었다고 치자.

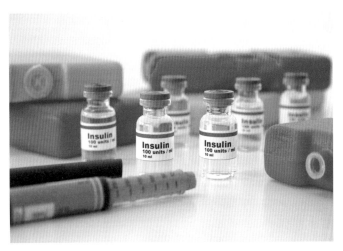

단백질성 호르몬인 인슐린

이런 걸 '재조합 DNA'라고 불러. 서로 다른 DNA를 연결한 거니까. 사실 재조합 DNA의 완성은 시작일 뿐이야. 생각해 봐. 시험관에서 달랑 DNA만으로 뭘 할 수 있겠어? 이게 제대로 작동하려면 세포와 같은 환경이 필요하단 말이야. 그러려면 어떻게 해야 할까? 그렇지! 살아 있는 세포 안으로 재조합 DNA를 넣어야겠지. 말은 쉬운데 정작 어떻게 해야 할지 난감하지? 알려줄 테니 잘 들어 봐.

DNA를 새롭게 조합하는 능력자 세포

세균은 단세포 생물이라서 세포 하나가 개체, 곧 한 마리인 셈이야. 세균이 생을 다하고 세포가 파괴되면 어쩔 수 없이 DNA가 험한 세상으로 나오게 되지. DNA라는 물질은 제법 단단해서 쪼개지면서도 꽤 버틸 수 있어. 그러는 동안 주변에 있는 다른 세균이 DNA 조각을 받아들이는 일이 생기곤 해. 아무리 작아도 DNA가 산소 같은 기체처럼 퍼져 나가는 게 가능할까? 신기하지?

DNA 조각이 세균 안으로 들어가려면 세균의 세포벽과 세포막을 통과해야만 해. **세포막**은 세포와 세포 외부의 경계를 지어 세포 내부의 물질을 보호하고, 각 물질이 정해진 위치에서 일을 수행하게 돕는 막이야. **세포벽**은 세포막 바깥에 위치해 세포의 모양을 더욱 견고하게 유지해 주지. 둘은 견고한 장벽과도 같아.

그런데 세균은 세포벽과 세포막을 변화시켜 DNA 조각을 받아들인다고 해. 세균이 남의 DNA를 받아들이려고 일부러 재주를 부리는 건 아니고, 주로 스트레스를 받으면 세포벽과 세포막을 바꾸는 능력이 생긴다네. 이것도 신기하지? 스트레스는 만병의 근원이라고 할 만큼 나쁜 것으로만 알고 있었는데 말이야. 세균은 먹이 부족이나 과도한 자외선 노출, 급격한 온도 변화 따위를 겪으면 외부 DNA를 받아들일 태세를 종종 갖추곤 해.

이러한 세균의 특성을 이용하면 시험관에서 재조합 DNA를 세균에 넣을 수 있어. 이때 숙주로 삼는 세균은 보통 대장균이지. 먼저 세균에 인위적으로 충격을 줘야 하는데, 가장 널리 쓰이는 방법은 세균에 염화칼슘$CaCl_2$ 같은 화합물을 처리하고 잠깐 온도를 올렸다가, 세균이

들어 있는 시험관을 얼음물에 담그는 거야. 약품 처리로 세포 표면이 살짝 흐트러진 상태에서 갑자기 뜨겁거나 차가워지는 충격을 받으면 순간 세균 세포에 아주 작은 구멍이 생겨. 이 구멍을 통해 DNA가 세균 안으로 들어갈 수 있지. 또 다른 방법은 순간적으로 전기충격을 주는 거야. 그러면 순간 세포막이 불안정해지면서 역시 작은 구멍이 생기거든.

그런데 말이야, 이렇게 외부 DNA를 받아들일 수 있게 된 세포를 뭐라 부르는지 알아? '능력자 세포'라고 한단다. 영어 컴피턴트 셀competent cell을 내가 재밌게 옮겨 본 건데, 이 번역이 잔잔한 울림을 주더라고. 마치 새로운 유전자를 얻어 역경을 극복하려는 듯하잖아. 위기는 기회라는 말을 실천한다고나 할까? 문득 이런 생각이 들어. 도대체 스트레스가 뭘까?

스트레스는 힘든 상황에서 느끼는 심리적·신체적 긴장 상태라고 흔히 말하지. 틀린 말은 아니지만, 완벽한 설명도 아니야. 생물학적으로 스트레스란 몸 밖에서 가해지는 자극이야. 따라서 살아 있는 모든 생물은 스트레스를 피할 수 없다는 얘기지. 사실을 말하자면 이런 온갖 자극에 제대로 대응하지 못하면 제대로 살 수가 없지. 더욱 중요한 건 자극을 어떻게 받아들이느냐에 따라 그 자극이 좋은 스트레스가 될 수도, 나쁜 스트레스가 될 수도 있다는 사실이야. 이게 우리가 흔히 말하는 스트레스지. 그러니까 무슨 일이든 자기가 하고 싶어서 하면 좋은 스트레스를, 반대로 억지로 해야 한다면 나쁜 스트레스를 받게 된다는 말이야.

피할 수 없으면 즐기라는 말이 있잖아. 어떻게 하면 그럴 수 있을까? 원래 운동하기를 싫어하지만 건강을 위해 큰맘 먹고 운동을 시작했다고 치자. 처음에 힘든 시기를 이겨 내고 조금씩 운동 효과를 느끼면 성취감으로 즐겁게 꾸준히 운동하게 될 거야. 뚜렷한 목표를 세우고 성과를 내면 마뜩잖은 일도 차츰 즐길 수 있다는 얘기지. 어쩌다 보니 이야기가 옆길로 샜네! 그래도 내 나름대로 의미가 있었다고 생각하는데, 우리 친구들도 그랬으면 좋겠다.

자, 이제 재조합 DNA를 지닌 세균을 만드는 데까지는 성공했어. 그런데 말이야, 세균은 어떻게 자기 게 아닌 다른 유전자, 심지어 사람 유전자까지도 마치 제 것인 양 우리가 원하는 물질을 만들어 낼 수 있을까? 그건 DNA라는 공통 언어를 사용하기 때문이야. 이제 유전자, 그러니까 DNA에서 단백질이 만들어지는 과정을 알려 줄게.

세포 안에서 유전정보는 어떻게 전달될까?

혹시 조지 가모프를 안다면 손 들어 볼래? 러시아(현재 우크라이나 오데사) 출신 미국 천재 물리학자로 우주가 탄생한 과정을 설명하는 '빅뱅big bang' 이론을 처음 주장한 인물이야. 빅뱅 이론에 따르면 우리가 사는 광활한 우주는 점에 가까운 크기로 태어나 현재까지 아주 짧은 순간 동안 급격하게 팽창하고 있다고 해. 유전자가위 얘기를 하다가 뭔 뜬금없는 소리냐고? 가모프가 생물학 연구에도 중요한 역할을 했거든.

1953년 가모프는 DNA 구조를 밝혀낸 논문을 읽고 영감을 받아 이듬해 프랜시스 크릭, 제임스 왓슨 등 생

RNA 무늬가 들어간 넥타이를 맨 RNA 타이 클럽의 회원들

물학·물리학·화학 분야의 뛰어난 과학자 20명을 모아 'RNA 타이 클럽RNA Tie Club'이라는 모임을 만들었어. 그러고는 필수 아미노산 20가지의 이름을 하나씩 각 회원에게 별명으로 붙였단다. 모임에 참석한 회원들은 RNA 무늬가 들어간 넥타이에 각자의 별명을 새긴 핀을 꽂고 친목을 나누었대. 한마디로 수다를 떨었다는 얘기야. 고상하게 말하면 자유롭고 화기애애한 융합 연구의 현장이었지.

앞에서 이야기했듯 DNA는 생명체의 모든 생물학적 정보를 담고 있어. 그런데 말이야, DNA에 있는 정보 자체만으로는 아무 능력도 발휘할 수가 없어. 아무리 훌륭한 책이라도 읽지 않으면 종이 더미일 뿐이듯이, 유전정보도 읽힐 때 비로소 생명현상을 일구어 낼 수 있으니까. 이를 생물학 용어로 **유전자 발현**이라고 해. DNA의 정보가 단백질로 만들어져야 제 기능을 할 수 있다는 뜻이야. 단백질이 대부분의 생명 활동을 수행하니까 말이야.

생명체의 단백질은 보통 20가지의 아미노산이라는 물질로 이루어지거든. 따지고 보면 모든 단백질은 아미노산의 개수와 조성 비율이 다를 뿐 서로 다른 아미노산의 혼합체인 셈이야. 문제는 DNA를 이루는 4가지 염기로 어떻게 20종류의 아미노산 정보를 감당할 수 있느냐지. **염기**는 DNA의 구성 성분으로, 고리 모양을 한 화합물이야. 인간의 유전자는 아데닌A, 구아닌G, 사이토신C, 티민T 4가지의 염기 30억 개가 일정한 순서로 늘어서 있어. 이 염기들이 늘어선 순서인 '염기서열'에 따라 키, 얼굴, 피부색 등 생물의 특성이 정해지지.

유전자를 이루는 염기는 4종류인데, 하나의 염기가

아미노산을 하나씩 지정한다면 달랑 4개밖에 감당할 수 없잖아. 해결책은 서로 가까이 있는 염기 3개가 짝을 이루는 거야. 이렇게 짝을 이룬 염기들을 '코돈codon'이라고 불러. 그러면 코돈은 총 64개4x4x4의 서로 다른 조합으로 만들어지겠지? 코돈이 하나의 아미노산을 담당하는 것이지.

이러한 논리적 추론을 제안한 사람이 바로 가모프였다는 말씀! 가모프는 RNA 타이 클럽 모임에서 코돈에 대한 아이디어를 냈고, 이를 바탕으로 여러 과학자가 유전부호를 해독하는 방법을 자유롭게 토론했다고 해. 하지만 아쉽게도 해독에 성공하지는 못했대. 그럼 누가 언제 어떻게 이 문제를 풀었을까?

유전부호를 해독하라

코돈 해독은 생화학적 실험을 통해 이루어졌어. 이 실험의 기본 원리는 이랬어. 시험관에 단백질 합성이 가능한 조건을 만들고, 염기서열을 알고 있는 RNA를 합성해 이

시험관에 집어넣어 반응을 일으킨 다음, 만들어진 산물을 확인하는 거야. RNA는 DNA에 담긴 유전자 정보를 복사해서 세포 내 단백질 공장으로 전달하는 역할을 해.

이후 여러 연구자가 염기를 정확하게 조합해 RNA를 합성하는 기술을 개발했고, 마침내 64가지 코돈이 각각 담당하는 아미노산의 종류를 밝혀내는 데에 성공했지. 64개 가운데 61개는 특정 아미노산을 지정하는 부호로 기능하고, 나머지 3개에는 대응하는 아미노산이 없어서 이 부호가 오면 단백질 합성이 끝나게 된단다.

정말 중요한 사실은 유전부호인 코돈이 박테리아부터 사람에 이르기까지 모든 생명체에서 똑같이 사용된다는 것이지. 그 덕분에 대장균에서 사람 인슐린 유전자를 만들 수 있는 거야. 다음 표에서 64가지 코돈에 대응하는 아미노산들을 정리했어. 우리 몸의 코돈과 아미노산에 대해 더 궁금한 친구들은 다음 표를 살펴보기를 바라!

		U		C		A		G		
U	UUU UUC	페닐알라닌	UCU UCC	세린	UAU UAC	타이로신	UGU UGC	시스테인		U C
	UUA UUG	류신	UCA UCG		UAA UAG	종결 코돈 종결 코돈	UGA UGG	종결 코돈 트립토판		A G
C	CUU CUC	류신	CCU CCC	프롤린	CAU CAC	히스티딘	CGU CGC	아르지닌		U C
	CUA CUG		CCA CCG		CAA CAG	글루타민	CGA CGG			A G
A	AUU AUC	아이소류신	ACU ACC	트레오닌	AAU AAC	아스파라진	AGU AGC	세린		U C
	AUA AUG	메싸이오닌 (개시 코돈)	ACA ACG		AAA AAG	라이신	AGA AGG	아르지닌		A G
G	GUU GUC	발린	GCU GCC	알라닌	GAU GAC	아스파트산	GGU GGC	글라이신		U C
	GUA GUG		GCA GCG		GAA GAG	글루탐산	GGA GGG			A G

첫 번째 염기 (좌측)
세 번째 염기 (우측)

64가지 코돈과 각 코돈에 대응하는 아미노산

바쁘다 바빠

요점만 싹둑! 공부 절취선

DNA

생명체의 생물학적 정보를 담고 있는 유전물질

우성

자손 대에서 겉으로 나타나는 특징

열성

자손 대에서 가려져 있는 특징

유전자

생명체의 특징에 관한 정보를 지닌 DNA의 특정 부위

자연선택

환경에 맞는 생물은 생존하고,
그러지 못한 생물은 사라져 간다는 이론

유기체

기관의 집합체라는 뜻으로, 살아 있는 생물을 일컫는 말

생명시스템

몸속 여러 구성 요소가 하나의 시스템처럼 통합되어 기능하는
모든 생명체를 일컫는 말

효소

다양한 물질을 분해하거나 합성함으로써
생명 활동을 가능하게 하는 단백질

인슐린

이자에서 분비되어 우리 몸의 신진대사를 돕는 단백질성 호르몬

세포막

세포와 세포 외부의 경계를 지어 세포 속 물질을 보호하는 막

세포벽

세포 바깥에 위치해 세포를 보호하고
세포의 모양을 견고하게 유지함

유전자 발현

DNA 속 유전정보를 단백질로 바꾸어 생명 활동을 수행하는 일

염기

DNA의 구성 성분으로, 배열 순서에 따라 생물의 특성이 정해짐

RNA

DNA의 유전정보에 따라 단백질을 합성하고
실제 생명 활동을 수행하는 물질

일상이 된 생명공학

'바이오테크놀로지Biotechnology', 줄여서 '비티BT'라는 말, 혹시 들어 본 적 있니? 우리말로는 '생명공학'이라고 하는데, 생명현상에 대한 이해를 바탕으로 생명체의 기능을 개선하거나 특정 목적에 맞게 개발하는 생물학의 한 분야란다. 다시 말해서, 생명체 자체 또는 효소 같은 생물 유래 물질을 사용해 제품을 생산하는 기술이지.

앞서 얘기한 대로, 제한효소를 활용한 DNA 재조합 기술이 등장하면서 생명공학 산업이 본격적으로 발전하기 시작했어. 그 결과 생명체의 기능과 정보를 활용해 실생활에 필요한 유용한 물질과 서비스를 제공하는 **바이오산업**이 크게 성장했지.

이제 바이오산업 제품은 우리 생활의 일부가 되었어. 멀리 갈 것 없이 찬물에도 때가 잘 빠진다는 세제 있잖아, 그것도 생명공학 기술의 산물이야. 남북극이나 시베리아 벌판처럼 추운 곳에 사는 미생물에서 분리한 유전자로 단백질 분해 능력이 뛰어난 효소를 값싸게 대량 생산해서 세제에 첨가한 제품이란다.

그런데 말이야, 1장에서 제한효소를 가위에 비유했 잖아. 솔직히 말해서 살짝 무리수였어. 제한효소들은 저마다 다른 DNA 부위를 자르기 때문에 우리가 맘대로 가위질할 수가 없거든. 이에 고민과 연구를 거듭한 과학자들이 마침내 기존 제한효소의 단점을 보완해 유전자가위 개발의 돌파구를 열었어.

요즘 생물학에서는 '크리스퍼 유전자가위'가 대세라고들 해. 난치병을 치료할 새로운 도구라며 과학계에서 뜨거운 주목을 받고 있지. 이제 크리스퍼 유전자가위가 무엇인지, 어떤 과정을 거쳐 개발되었는지 자세히 살펴볼까?

생물의 3영역

유전자가위의 종류와 역사를 들여다보기 전에, 미생물에 관해 좀 더 자세히 살펴보자. 그래야 나무가 아닌 숲을 보는 시각으로 크리스퍼를 비롯한 유전자가위의 참모습을 볼 수 있겠다 싶어.

미생물이란 말 그대로 눈으로는 볼 수 없는 아주 작은 생물을 뜻해. 세균이나 효모 등이 미생물이야. 앞서 이야기한 대로 생물학에서는 세포를 생명현상이 나타나는 최소 단위로 여기지. 그래서 세포 하나로만 된 단세포 생물도 존재하는 거야. 세포로 이루어진 생명체는 발생과 성장, 물질대사, 생식 및 유전을 하며 살아가지.

세포는 유전물질이 들어 있는 핵이 있느냐 없느냐에 따라 크게 두 가지, **원핵세포**와 **진핵세포**로 나눠. 각각 '핵이 생기기 이전의 세포'와 '진짜 핵을 지닌 세포'라는 뜻이야. 비유해서 말하면, 원핵세포는 작은 단칸방이고, 진핵세포는 여러 개의 방이 있는 저택이라고 할 수 있어. 구조에 약간의 차이가 있을 뿐 동물과 식물, 일부 미생물은 기본적으로 같은 진핵세포로 되어 있고, 원핵세포는 세균과 고세균의 전유물이지.

지구에 사는 생물은 동식물이 아니면 모두 미생물이야. 생명의 언어인 DNA 정보를 바탕으로 지구 생물들의 족보를 그려 보면 하나의 뿌리에서 큰 가지가 3개 뻗어 있는 나무 모양이 나와. 이 족보를 **계통수**라고 해. 계통수의 뿌리는 공통 조상이고, 가지 3개는 확연히 다른 세 부

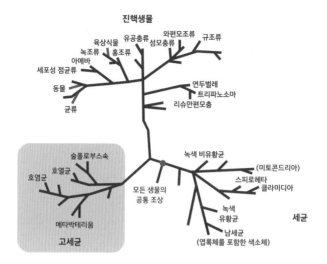

생물 3영역을 보여 주는 계통수

류 생물 무리에 해당하지.

생물학에서는 이 가지를 '영역' 또는 '도메인domain'이라고 불러. 세균과 고세균, 진핵생물이 각 영역의 이름이란다. 세 번째 영역인 진핵생물도 식물과 동물 빼고는 모두 미생물이야. 따라서 미생물은 엄청나게 다양한 생물의 집단인 셈이지. 실제로 미생물의 다양성은 지구상에 사는 모든 동물과 식물의 다양성을 합친 것을 압도해.

다 같은 미생물이 아니야

미생물은 크게 6가지 부류로 나눌 수 있어. 우선 '세균', 영어로 박테리아bacteria는 엄청나게 다양한 능력을 지닌 미생물 무리야. 그 능력에 비하면 모양은 단순해서 보통은 동그랗거나(구균), 갸름하거나(간균), 아니면 구불구불하거나(나선균) 셋 중 하나야. 세균은 자연환경에서 수많은 물질을 분해해. 쉬운 말로 썩게 해. 그 덕분에 지구의 물질순환이 가능한 것이지.

'고세균'은 단세포 원핵생물로, 보통 다른 생물이 살기 힘든 험한 환경에 사는 경우가 많아. 가령 끓는 물에 가까운 온천수나 사해처럼 염분 농도가 높은 곳 따위가 여러 고세균의 보금자리이거든. 크리스퍼가 발견된 첫 고세균 역시 스페인 남부 바닷가 염전에서 분리한 것이었어. 그리고 방귀에도 들어 있는 메탄가스는 일부 고세균만이 만들 수 있단다. 그러니까 우리 창자 속에도 고세균이 많다는 얘기지.

'곰팡이' 하면 보통 상한 음식에 핀 가는 실타래 같은 모양이 떠오를 거야. 이런 곰팡이를 모양 그대로 '사상

곰팡이에 속하는 버섯

균絲狀菌'이라고 불러. 빵이나 맥주 등을 만들 때 사용하는 효모(이스트)도 또 다른 곰팡이지. 그리고 조금 놀랄 수 있는데, 버섯도 곰팡이야. 버섯 토핑 피자를 '풍기funghi 피자'라고 하잖아. 이탈리아어 풍기가 영어로는 '펀지fungi', 한글로는 곰팡이란다.

　미생물에서 '조류'는 새를 말하는 게 아니야. 밥상에서 자주 볼 수 있는 미역과 파래, 김 등을 말하지. 이런 다세포 대형조류도 미생물로 분류하지만, 아무래도 미생물학자는 단세포 미세조류에 훨씬 더 관심이 많아. 조류는

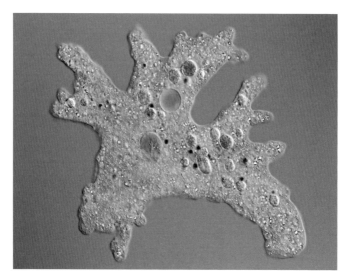

원생동물에 속하는 아메바

광합성을 통해 이산화탄소를 소비하고 지구에 필요한 산소의 절반 정도를 공급해. 그러나 특정 미세조류가 짧은 시간에 급증하면 적조 또는 녹조 현상과 같은 골치 아픈 문제가 생기곤 하지.

'원생동물'은 이름대로 가장 원시적인 단세포 동물을 일컬어. 여러 친구에게 친숙한 아메바와 짚신벌레 등이 여기에 속해. 대부분의 원생동물은 주변 환경에서 먹이를 섭취하지만, 유글레나처럼 광합성을 하는 것도 있어.

반면 말라리아 원충처럼 동물에 기생하며 병을 일으키는 원생동물도 있고. 마지막으로 세포 형태를 갖추지 못해서 때때로 생명체와 비생명체의 경계에 걸쳐 있는 것으로 여기는 바이러스도 편의상 비세포성 미생물로 다룬단다.

크리스퍼는 여러 미생물 중 고세균 유전자에서 처음 발견되었어. 1987년 일본 연구진이 대장균 유전자를 분석하다가 말이야. 그렇다면 크리스퍼는 대체 무엇이길래 최신 과학계에서 주목을 한몸에 받게 된 걸까? 지금부터 차근차근 알려줄게.

앞뒤가 똑같은 염기서열

비유로 말하자면, DNA는 네 글자로 쓰인 기다란 문장이라고 할 수 있어. 교과서에서 염기라고 부르는 아데닌, 구아닌, 사이토신, 티민 말이야. 1987년 일본 연구진이 대장균의 DNA에서 처음으로 **회문 구조**를 발견했어. 아마 회문이란 단어가 생소할 텐데, 별거 아니야. '다시 합창합시다' 또는 'PULL UP IF I PULL UP'처럼 앞으로 읽으나 뒤로 읽으나 뜻과 모양이 같은 문장을 말해.

　과학자들은 여러 세균의 DNA 염기서열을 낱낱이 읽어 내면서 많은 세균에 다양한 회문이 존재한다는 사실을 밝혀냈어. 세균에는 때로 파지 DNA 중 일부가 붙어 있기도 했어. 파지가 뭐냐고? 어라, 이거 이미 얘기한 거 같은데. 잠시만 확인해 볼게. 아하, 내가 그냥 '세균 바이러스'라고 말했었구나. 세균을 숙주로 삼아 감염하는 바이러스를 '박테리오파지' 또는 간단히 '파지'라고 불러. 참고로 박테리오파지bacteriophage라는 명칭은 세균을 뜻하는 영어 '박테리아bacteria'와 '먹어 치우다'라는 뜻을 지닌 그리스어 '파제인phagein'을 합친 거야.

　과학자들은 거의 모든 세균의 DNA 여기저기에서 회문을 확인했는데, 그 기능에 대해서는 오랫동안 몰랐어. 심지어 부르는 이름도 연구진마다 제각각이었다가, 2002년에 와서야 **크리스퍼**라는 이름이 처음 등장해서 통일되었지. 크리스퍼는 영어 단어 6개, 'Clustered Regularly Interspaced Short Palindromic Repeats'에서 머리글자를 따서 만든 줄임말이야. 전체 이름을 우리말로 옮기면 '일정한 간격을 두고 분포하는 짧은 회문의 반복'이라는 뜻이지.

크리스퍼의 쓸모

1995년, 한 스페인 과학자가 고세균 유전자 분석을 하다가 크리스퍼를 발견했어. 그는 세균과는 확연히 다른 고세균에 크리스퍼가 있다는 사실에 주목해서 여기에 중요한 생물학적 기능이 있을 거라고 생각했다네. 한 걸음 더 나아가 크리스퍼 사이에 종종 바이러스 DNA가 아주 조금 끼어 있다는 점에 착안해 크리스퍼가 세균과 고세균에서 면역 기능을 수행할 수 있다고 추정했어. 그런데 몇몇 미생물 분류학자들이 크리스퍼를 이용하면 병원성 세균을 세부적으로 분류할 수 있겠다고 생각한 거야. 크리스퍼의 생물학적 기능은 잘 몰랐지만 말이야. 무슨 말인지 잘 모르겠다고? 그럴 수 있어. 걱정하지 마. 지금부터 쉽게 설명해 줄 테니.

우리는 언어가 있어서 서로 소통하잖아. 그런데 문제는 나라마다 언어가 달라. 그래서 세계화 시대에는 외국어 공부가 꼭 필요하다고 하지. 생물은 그 종류가 엄청나게 많아. 이걸 다 각자 자국어로 표현한다면, 정작 연구보다 외국어 사전을 뒤지는 데에 더 많은 시간과 노력을 들여야 할걸. 그래서 생물학에서는 '라틴어'라는 하나의 언어를 사용해 모든 생명체에 이름을 붙인단다. 그걸 **학명**이라고 해. 예컨대 '호모 사피엔스Homo sapiens'가 우리 인간에게 붙은 학명이지. 좀 더 자세히 말하면 호모가 속명, 사피엔스는 종명이야. 결국 인류는 다 같은 생물종이지.

그러면 인종 차별이라고 할 때 그 종은 뭐냐고? 아, 그건 같은 종 구성원 사이에서 나타나는 세부 특성 차이를 말하는 것일 뿐이야. 마침 질문 잘했다. 사실 같은 종인 세균들도 세부적 차이는 크게 나타나. 눈에 보이지 않을 뿐이지. 뭐, 그래도 별문제는 없어. 다만 상대가 병원성 세균이라면, 얘기가 달라지지. 종보다 더 세밀하게 구별할 필요가 있거든. 이때 크리스퍼를 이용해서 변이형을 분류하자는 아이디어가 나왔던 거야. 그러다 약 스무해가 지날 즈음 드디어 크리스퍼의 또 다른 쓸모를 알아낼 돌파구가 열렸어.

지구상 모든 생물은 바이러스 감염을 피할 수 없어.

당연히 세균도 마찬가지야. 2007년, 덴마크의 한 요구르트 회사 연구진이 요구르트를 만드는 젖산균(유산균)을 키우다 특이한 현상을 발견했어. 일부 젖산균이 파지에 내성이 있는 것처럼 보였던 거야. 호기심이 발동한 연구진이 이 젖산균의 DNA를 분석했어. 그랬더니 말이야, 크리스퍼 사이에 젖산균을 공격하는 파지 DNA의 일부가 들어 있는 거야! 그로부터 15년 뒤 2012년에 두 여성 과학자가 크리스퍼의 작동 원리를 규명해 내는 데 성공했지. 2020년 노벨 화학상을 받은 제니퍼 다우드나, 에마뉘엘 샤르팡티에가 그 주인공들이란다.

최초의 유전자가위, 아연 손가락

크리스퍼 유전자가위는 3세대 유전자가위야. 앞서 1, 2세대 유전자가위가 존재했다는 얘기지! 먼저 개발된 유전자가위들은 언제 어떻게 만들어졌고, 어떤 기능을 했는지 궁금하지 않니?

유전자가위의 첫 출발은 40여 년 전으로 거슬러 올라가. 과학자들은 1979년 효모를 이용해 최초로 유전자를 편집하는 일에 성공했고, 앞서 이야기했듯 1987년에는 훗날 크리스퍼로 부르게 되는 회문 구조를 처음 발견했지. 그리고 1990년대에 첫 번째 유전자가위가 등장할 만한 놀라운 발견이 이루어져. 1996년 2월, 유명한 국제 학술지인 〈미국국립과학원회보〉에 〈하이브리드 제한효소: 포크 원 결합 아연 손가락〉이라는 제목의 논문이 발표되었어. 아마 **아연 손가락**이 뭔지 궁금해할 것 같아. 이름 그대로 마치 '엄지 척' 모양으로 DNA에 결합하는 작은 단백질이야. 아연 이온 Zn^{2+}이 손가락 마디를 구부리듯 단백질이 적절히 접히는 데에 도움을 줘. 아연 손가락은 1985년 아프리카발톱개구리에서 처음 찾은 이래로 많은 동식물에서 발견되었지.

아미노산 30개로 이루어진 아연 손가락은 DNA 염기 3개를 선택적으로 인식해서 결합하는데, 이게 유전자가위 개발의 핵심이야. 표적이 되는 DNA의 염기서열만 알면 원하는 유전자 위치에 결합할 수 있는 아연 손가락을 만들 수 있다는 거지. 그러나 이런 맞춤형 단백질은 결합만 할 뿐 유전자를 자르지는 못해.

그럼 이제 어떻게 해야 할까? 그렇지! 가위 역할을 할 효소를 아연 손가락에 붙어야겠지. 그래서 과학자들은 '포크 원Fok1'이라는 제한효소를 붙인 거야. 제한효소는 특정 부위만 자를 텐데, 잘 이해가 안 된다고? 맞아. 보통 제

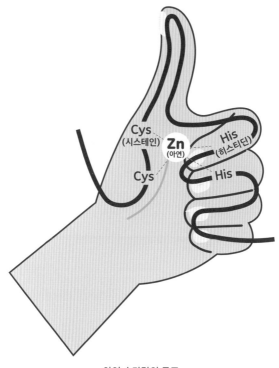

아연 손가락의 구조

한효소라면 당연히 그렇겠지. 그런데 말이야, 포크 원은 좀 특별한 녀석이란다.

포크 원은 여느 제한효소와 달리 DNA를 인지하는 부위와 가위 역할을 하는 부위가 따로 나뉘어 있어. 따라서 DNA를 자르는 기능을 하는 부분만 떼어서 아연 손가락에 붙이면 원하는 곳을 자를 수 있는 하이브리드 효소가 완성되겠지. 이게 바로 1세대 유전자가위인 '아연 손가락 핵산분해효소'야. 영어 약자로 'ZFNZinc-finger nuclease'이라고 부르기도 해. 달리 말하면 포크 원 제한효소의 일부를 아연 손가락으로 교체한 것이지. 이 유전자가위는 보통 3개 또는 4개의 아연 손가락으로 구성되는데, 각 손가락 단백질은 서로 독립적으로 DNA 염기 3개를 인식한단다.

2세대 유전자가위, 탈렌

다짜고짜 말하는 것 같지만 결론부터 밝힐게. **탈렌**은 앞서 소개한 1세대 유전자가위에서 DNA와 결합하는 단백질을 교체한 거야. 이 새로운 결합 단백질에는 흥미로운 '테일TALE'이 담겨 있어. '이야기'라는 쉬운 우리말을 두고 왜 뜬금없이 영어를 쓰냐고 못마땅해할 것 같은데, 잠시만 참고 기다려 줘. 곧 그 이유를 알게 될 테니.

'잔토모나스'라는 세균 족속이 있어. 농작물을 비롯한 많은 식물에 병을 일으키는 식물 병원균인데, 내 눈에는 얘네가 아주 영악해 보여. 일단 감염하면 자기네가 활동하기 좋게 식물 유전자의 발현 양상을 바꾸는 작업부터 시작하거든. 유전자 발현이 뭔지 다들 기억하지? DNA에 있는 유전정보를 읽어 내는 과정이지. 첫 단계를 '전사', 두 번째 단계를 '번역'이라고 한다고 앞서 설명했잖아.

잔토모나스는 식물 유전자 앞에 있는 조절 부위에 결합하는 단백질을 분비해서 감염한 식물의 유전자 발현을 조절할 수 있어. 이 단백질을 어려운 말로 '전사 활성 유사 인자Transcription activator-like effector', 영문 약어로는 TALE이라고 부른단다. 그리고 여기에 핵산분해효소nuclease라는 물질을 더하면 '탈렌TALEN'이라는 유전자가위가 되는 거지!

아연 손가락은 DNA 염기 3개를 인지한다고 했잖아.

그런데 TALE 단백질은 염기 1개만을 인지하기에 그만큼 제조 비용과 시간이 줄어들지. 그리고 표적을 더 자유롭게 선택할 수 있다는 장점도 있어. 다만 TALE 단백질은 염기들과 결합하고 나면 크기가 커져서 세포 안으로 전달하기가 그만큼 어렵다는 게 아쉬워.

탈렌 유전자가위는 2009년에 처음 만들어졌고, 2010년부터 본격적으로 유전자 편집에 활용되기 시작했어.

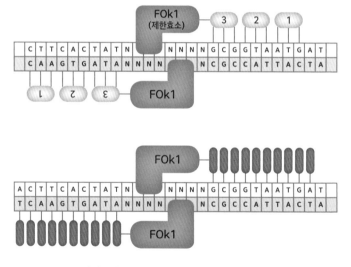

아연 손가락 핵산분해효소(위)와 탈렌(아래) 비교

3세대 유전자가위,
크리스퍼-캐스9

그렇다면 세 번째로 등장한 크리스퍼 유전자가위에는 앞선 1, 2세대 유전자가위와 어떤 차이점이 있을까?

세균은 침입한 파지 DNA를 조각내고 그 일부를 크리스퍼 사이에 보관해. 만약 같은 파지가 다시 들어오면 크리스퍼에 끼워 둔 파지 DNA를 그대로 읽어 RNA를 만들어 내지. 이 RNA는 재침입한 파지 DNA의 일치하는 부분에 결합하는데, 이때 파지 DNA를 자를 수 있는 단백질이 함께 가서 붙어. 가위와 같은 역할을 하는 이 단백질에는 '캐스9Cas9'라는 이름이 있어. 이 과정은 범인의 인상착의에 관한 정보를 찾기 쉽게 표시해 보관했다가, 범인이 다시 침입하면 미리 수집한 정보를 보고 경찰이 출동하는 것과 비슷해 보여.

앞에서 제한효소 기능을 설명하면서 제한효소가 외부 물질을 공격하는 면역세포를 닮았다고 말했던 거 기억하지? 크리스퍼는 항체처럼 보이지 않니? 1, 2세대 유전자가위와 달리, 3세대 유전자가위인 크리스퍼-캐스

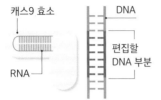

캐스9 효소와 가이드 RNA가
결합해 편집할 DNA를 찾게 됨

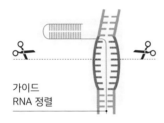

캐스9 효소가 가이드 RNA가
끼어 들어간 곳의 DNA 두 가닥을
모두 잘라 냄

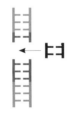

잘린 DNA 사이에
다른 DNA를 삽입

크리스퍼 유전자가위의 작동 원리

9은 단백질이 아닌 RNA를 이용해서 표적이 되는 DNA 부위에 결합해. 이를 '가이드 RNA'라고 부르는데 대략 20개 정도의 염기로 이루어져 있어.

크리스퍼 유전자가위가 앞서 개발된 유전자가위들과 비교해 가장 다른 점은 유전자 편집에 RNA를 이용한다는 거야. 인식하고 결합하는 단백질이 작은 RNA로 대체됨으로써, 아연 손가락이나 TALE 단백질을 맞춤형으로 만들 때마다 항상 거쳐야 하는 복잡한 공정이 대폭 간소화되었어. 그 덕분에 기술력을 보유한 소수 연구자만 재현할 수 있었던 유전자가위 기술이 널리 사용되기 시작한 거야.

크리스퍼 작동에서 중요한 것은 DNA 조각의 내용이 아니라 크기야. DNA 염기서열이 어떻든 상관없이 20개 정도만 선택해서 가이드 RNA를 만들면 해당 유전자 부위를 정확하게 자를 수 있다는 뜻이지. 적어도 이론상으로는 말이야. 그래서 현재 크리스퍼를 활용한 유전자 편집 기술 개발이 활발하게 이루어지고 있어. 실제로 크리스퍼 유전자가위는 부모에게서 자식에게로 유전되는 병인 **유전병** 치료에서 효과를 보여 기대를 모으고 있단다.

세상을 바꿀 크리스퍼 혁명은 이미 시작된 셈이야. 이에 관해서는 3장에서 살펴보도록 하자.

바쁘다 바빠

요점만 싹둑! 공부 절취선

바이오산업

생명체의 기능과 정보를 활용해 실생활을 위한
서비스를 개발, 제공하는 산업

미생물

눈으로 볼 수 없는 아주 작은 생물을 통칭하는 말로,
세균, 고세균, 곰팡이, 조류, 원생동물 등이 속함

원핵세포

핵이 생기기 이전의 세포로, 세균과 고세균의 세포

진핵세포

진짜 핵을 가진 세포로, 동식물과 일부 미생물에서
발견할 수 있는 세포

계통수

지구 생물들의 족보를 그린 나무 모양의 도표

회문 구조

앞으로 읽으나 뒤로 읽으나 뜻과 모양이 같은 것

크리스퍼

일정한 간격을 두고 분포하는 짧은 회문의 반복

학명

생명체에 붙인 라틴어 이름으로, 전 세계가 하나의 이름만을 사용함

아연 손가락

DNA에 결합하는 '엄지 척' 모양의 단백질로,
1세대 유전자가위의 핵심 요소

탈렌

1세대 유전자가위에서 일부 단백질을 교체한 2세대 유전자가위

유전병

부모에게서 자식에게로 유전되는 병

3장

유전자 가위로
멸종 동물을
되살린다고?

달걀, 어디까지 알고 있니?

2016년 3월 10일 자 〈네이처〉 표지를 보면 꿀벌과 돼지, 매머드 같은 동물이 첫눈에 들어와. 그림 바로 위에 '유전자 편집 시대의 시작'이라는 문구가 있어서 이 동물들이 크리스퍼 유전자가위와 관련이 있다는 걸 알 수 있지. 〈네이처〉는 여기에서 2012년 크리스퍼의 작동 원리가 밝혀진 이후 그때까지 이룬 크리스퍼 유전자가위 연구의 성과와 그 활용 전망을 소개했어. 이 가운데 우리에게 아주 친숙한 달걀과 관련된 내용이 있어서 그 얘기부터 해 볼게.

달걀은 닭이 낳은 알이고, 달걀 껍데기 속에 노른자와 흰자가 들어 있다는 사실 정도는 누구나 알지. 그렇다면 달걀이 세포 하나로 이루어져 있다는 사실도 알고 있니? 생물학적으로 말하면 달걀은 암탉의 생식세포인 난자야.

암탉 몸속에서 달걀은 노른자부터 만들어지기 시작해. 알집(난소)에서 노른자(난황)가 커지면 난관이라고 하는 곳으로 들어가고, 노른자가 난관이라는 관을 지나가

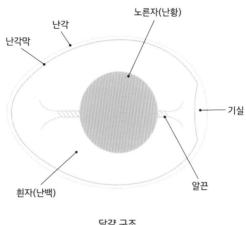

달걀 구조

는 사이에 흰자(난백)와 껍데기(난각)가 만들어져. 말하자
면 흰자와 껍데기는 난관에서 분비한 물질인 셈이지. 따
라서 실제 세포는 노른자이고, 흰자와 껍데기는 난자 세
포를 보호하기 위한 일종의 두터운 막이야.

　노른자만 세포라고 해도 세포 하나치고는 엄청나게
크다고 볼 수 있지. 거기에는 그럴 만한 이유가 있어. 사
실 노른자 대부분은 단백질과 지방, 비타민 등이 풍부한
세포질이야. 노른자 표면을 자세히 보면 하얀 점이 있어.
알눈(배반)이라고 부르는 이 하얀 점은 정자를 만나 수정
이 이루어지면 장차 병아리가 되는 부위야. 다시 말해 노

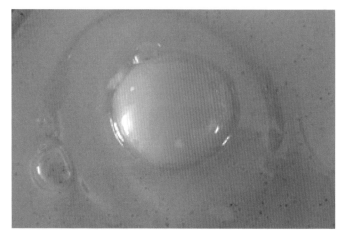

달걀의 알눈이 보이는 사진

른자는 달걀 껍데기 속에서 알눈이 병아리로 성장하는
데 필요한 영양분이지. 그리고 노른자 양쪽에 붙어 있는
알끈은 노른자를 제자리에 머물게 해준단다.

　　오돌토돌한 달걀 껍데기에는 어림잡아 1만 개가 넘
는 미세한 구멍이 있어. 이 구멍들을 통해 껍데기 속에 있
는 세포가 호흡하지. 달걀 껍데기 바로 안쪽에는 얇은 막
(난각막)이 있는데, 이 막은 두 겹으로 되어 있어. 외막은
껍데기 내면에 딱 붙어 있고, 내막은 흰자를 감싸고 있어.
달걀은 한쪽 끝이 다른 쪽에 비해 뭉툭하잖아. 보통 뭉툭

한 쪽에 있는 외막과 내막 사이에 공기가 든 공기집(기실)이 자리 잡고 있어. 껍데기를 깐 삶은 달걀에서 볼 수 있는 분화구 모양이 바로 공기집의 흔적이야. 달걀이 오래될수록 공기집은 커져.

달걀에 얽힌 불편한 진실

달걀은 완전식품이라고 부를 정도로 거의 모든 영양소가 골고루 들어 있어. 특히 필수 아미노산을 균형 있게 함유하고 있지. 생각해 보면 달걀은 적당한 온도만 유지해 주면 알아서 껍데기를 깨고 병아리가 나오니 영양 성분은 두말하면 잔소리네. 다만 달걀에는 식이섬유와 비타민C가 들어 있지 않거든. 채소나 과일, 곡물 등을 함께 먹으면 부족한 영양분을 채워 더욱 건강한 식생활을 할 수 있겠지.

그런데 말이야, 우리가 일상에서 먹는 달걀은 거의 다 병아리로 부화할 수 없어. 수정되지 않은 무정란이기 때문이지. 생물학적으로 말하면, 무정란은 닭의 난자 자체인 거야. 여기에 수탉의 정자가 들어와 유정란이 되어야 비로소 새 생명이 태어날 수 있지. 하지만 식품으로 봤을 때 무정란과 유정란의 영양소는 별 차이가 없다고 해. 실제로 시중에 판매되는 달걀은 대부분 무정란이야. 그런데 바로 여기에서 불편한 진실이 시작되지.

달걀을 생산하려면 알을 낳는 암탉인 산란계를 키워야 해. 다시 말해 번식을 위한 일부 수탉을 제외하고 나머지 수탉은 별 쓸모가 없어. 그래서 보통은 갓 부화한 병아리에서 수컷은 골라내거든. 그다음에는 어떻게 할까? 안타깝고 충격적이게도 분리된 수평아리를 기다리는 건 죽음이야. 경제적 가치가 없다는 이유만으로 이제 막 세상에 나온 수많은 생명을 해치는 일은 가슴 아픈 현실이지.

앞에서 소개한 2016년 3월 10일자 〈네이처〉에서는 수컷을 결정하는 성염색체에 '녹색 형광 단백질' 유전자를 붙이는 기술을 소개했어. 크리스퍼 유전자가위를 이용한 기술이었지. 연구에 따르면 수평아리가 될 성염색체가 있는 유정란은 자외선을 받으면 초록색으로 빛나기 때문에 부화하기 전에 미리 골라낼 수 있어. 이렇게 선별한 유정란은 백신을 만드는 데도 사용할 수 있어. 이처럼 크리스퍼 유전자가위가 닭 농장에서 행해 온 비인 간적인 관행을 끊어 내고 동물복지에 한 걸음 더 다가가 게 할 거야.

안전한 백신을 만들기 위해

매년 10억 개가 넘는 유정란이 백신 제조에 사용된다고 해. 인플루엔자 백신의 80% 정도는 유정란에서 바이러 스를 키워 만들거든. 그런데 코로나19와 같은 감염병이 증가하는 상황이라 앞으로 그 수요가 더 늘어날 전망이 야. 그런데 말이야, 전 세계 어린이 100명 가운데 2명은 이런 백신 예방접종을 조심해야 한대. 달걀 알레르기 때 문이지.

보통 달걀 알레르기는 흰자에 있는 단백질 때문에 생기거든. 이 사실에 주목한 과학자들이 이러한 단백질 유전자의 염기서열을 조금 바꿨어. 그러고는 단백질을 달걀 알레르기가 있는 사람에게서 뽑은 피에 투여했는데 아무런 문제가 없었대. 때마침 크리스퍼 유전자가위가 등장하자 아예 닭에서 알레르기를 일으키는 단백질 유전자를 교정하자는 의견이 나왔어.

그런데 이게 여간 어려운 일이 아니야. 사람에게 알레르기 반응을 일으키지 않도록 단백질의 유전자 정보를 미세하게 조정해야 하거든. 그와 함께 배아는 정상적으로 성장할 수 있어야 하고.

닭을 비롯한 조류는 포유류보다 유전자가위 기술을 적용하기가 훨씬 어려워. 포유류는 난자를 채취해 유전자 편집을 거친 다음 정자와 수정해 다시 몸 안에 착상시킬 수 있어. 그런데 조류는 이런 방법이 불가능해. 왜냐고? 병아리로 성장할 알눈이 달걀노른자에 단단히 붙어 있어서 제거하는 순간 배아가 파괴되거든. 물론 방법은 있어. 여기서는 주제와 범위를 벗어나니 달걀에 관해서는 이 정도로 마무리하고 다른 동물로 화제를 돌리자.

현실판 쥬라기 공원

〈쥬라기 공원〉이라는 영화 알지? 1993년 첫선을 보인 유명한 SF 영화인데, 2018년까지 총 5편이 나와 큰 인기를 끌었지. 〈쥬라기 공원〉을 과학의 시선으로 보면 어떨까?

영화에서는 멸종된 공룡을 되살리기 위해 공룡의 피를 빤 뒤 '호박'에 갇힌 모기를 이용했어. 모기에게서 뽑아낸 피로 공룡 DNA를 복원해 냈지. 호박이란, 지질 시대에 나무의 진액 등이 땅속에 묻혀 탄소와 수소, 산소 따

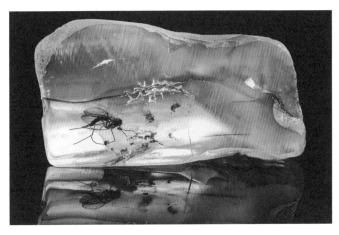

호박에 갇힌 모기 모습

위와 섞여 돌처럼 굳어진 누런 광물을 말해.

공룡의 DNA를 복원하기 위해 영화가 나올 당시에는 최첨단 바이오 기술이었던 PCR(중합효소연쇄반응)을 사용했어. 이제는 코로나19나 유전병 진단 검사와 같은 의료 목적으로 이용하는 건 물론이고, 범죄 현장에 있는 혈흔이나 머리카락 한 올에서 결정적인 증거를 찾는 데에도 쓰이는 흔한 기술이 되었지만 말이야.

아무튼, 영화 속 연구진은 공룡 DNA를 온전히 확보하지 못했어. 그래서 부족한 DNA를 현재의 양서류 DNA로 대체했고, 그렇게 복원한 DNA를 핵을 없앤 타조 알에 넣어서 공룡을 부화시키는 데 성공했지. 이 과정은 실제 생명복제 기술의 원리를 따른 듯하지만 세부적으로는 오류투성이야. 영화적 설정에 괜한 꼬투리를 잡겠다는 게 아니야. 오히려 정반대로, 영화적 상상력에 힘입어 멸종 동물을 복원할 방법을 재미있게 살펴보려는 거지.

2013년, 미국 하버드대학교 연구진이 약 1만 년 전 멸종한 털북숭이 매머드를 복원하겠다는 계획을 발표했어. 이 야심 찬 프로젝트를 시도할 엄두를 내게 한 건 다름 아닌 크리스퍼 유전자가위였지. 그래서 매머드를 어

아시아코끼리

떻게 되살린다는 걸까?

매머드는 작은 귀와 두터운 피하지방에 더해 털이 풍성해서 극한의 추위에서도 살 수 있었거든. 과학자들은 이러한 특성을 나타내는 유전자를 크리스퍼 유전자가위를 이용해 아시아코끼리의 유전자에 집어넣겠다고 했어. 아시아코끼리를 대리모로 매머드를 부활시키려는 거야.

왜 아시아코끼리여야 하냐고? 현존하는 동물 가운데 아시아코끼리가 매머드와 유전적으로 가장 가까운 것으로 알려져 있기 때문이지.

만약 이 연구가 성공하면, 일명 **매머펀트**를 시베리아에 보호구역을 만들어 풀어 줄 거래. 영화가 아닌 현실에 '플라이스토세 공원'이 세워지는 거지. '홍적세'라고도 부르는 플라이스토세는 신생대 끝자락을 말해. 원시인이 강력한 추위에 떨던 빙하기를 떠올리면 돼. 그런데 수많은 멸종 동물 가운데 하필이면 매머드를 복원하겠다고 나섰을까?

현재 알래스카와 시베리아 등지에 펼쳐진 툰드라 지역은 원래 매머드와 함께 여러 초식동물이 무리 지어 살던 보금자리였대. 여기서 매머드는 죽은 풀을 먹어치워 그 밑에 어린 풀이 잘 자라게 해주었지. 쌓인 눈을 밟아 동토, 다시 말해 얼어붙은 땅이 녹지 않게 하기도 했어. 그런데 플라이스토세에 와서 인류의 무분별한 사냥과 기후변화 탓에 매머드가 모두 멸종해 버린 거로 추정해. 이후로 지구가 따뜻해진 데다가 목초지 개간이 늘어나면서 동토층이 빠르게 녹아내리고 있어.

그래서 툰드라 지역에 매머드가 하던 역할을 대신하면서 추위에도 강한 아시아코끼리를 만들어 내려는 거

래. 그러니까 이 프로젝트에서 말하는 '복원'은 멸종된 매머드와 똑같은 복제 생명체를 만들어 내는 것이 아니라, 매머드의 일부 유전자를 가진 아시아코끼리를 만들어 내는 것이지. 2024년 3월 현재, '플라이스토세 공원' 개장 소식은 들리지 않고 있지만 말이야.

슈퍼 돼지의 탄생

'옥자'는 2017년에 개봉한 우리나라 영화의 제목이자 영화 주인공인 돼지의 이름이기도 해. 예스러운 이름과는 딴판으로 옥자는 최첨단 생명공학 기술로 태어난 슈퍼 돼지야. 놀라운 사실은, 현실에서는 영화보다 2년이나 앞서 옥자가 있었다는 거야. 2015년 한국과 중국 연구진이 함께 유전자가위 기술을 이용해서 이른바 '슈퍼 근육 돼지'로 불리는 몸짱 돼지를 만들어 냈거든. 기본 원리는 의외로 간단해. 근육이 적당히 발달하도록 제어하는 유전자를 잘라서 보통 돼지보다 근육량이 많아지게 했지.

　　슈퍼 돼지의 탄생은 크리스퍼 유전자가위의 능력을

확실하게 보여 주었단다. 몸짱 돼지에 이어 이번에는 귀여운 돼지 한 마리가 대중의 눈길을 끌었어. 2017년 9월, 〈네이처〉와 쌍벽을 이루는 과학 학술지 〈사이언스〉 표지에 생후 2주가 된 새끼 돼지가 등장했거든.

이 돼지는 인체 장기이식을 목표로 크리스퍼 유전자가위 기술을 이용해 태어났어. 장기 기증자가 부족해서 환자를 살리지 못하는 안타까운 현실을 극복하기 위한 노력이었지. 돼지 장기는 사람 장기와 크기가 비슷하거든. 그래서 돼지는 이종 장기이식을 위한 동물 후보 0순위로 꼽혀. **이종 장기이식**이란, 치료를 목적으로 동물의 기관을 사람에게 이식하는 것을 말해. 하지만 넘어야 할 큰 장벽이 하나 있어.

'내인성 레트로바이러스'라는 바이러스는 돼지 DNA에 존재하지만 돼지에게는 아무런 해가 없어. 그러나 인체에 들어오면 심각한 문제를 일으킬 수 있지. 흥미롭게도 이 문제를 해결하기 위해 매머드 복원을 연구하던 과학자들이 나섰어.

먼저, 연구진은 돼지의 DNA를 모두 분석해서 해당 바이러스를 25개 찾아냈어. 그다음 크리스퍼 유전자가위로 바이러스를 모조리 잘라 내버렸지. 이제 복제 과정이야. 바이러스를 제거한 DNA를 지닌 돼지 난자를 이용해 대리모 돼지로 수정을 했어. 그렇게 바이러스가 없는 돼지가 탄생했지.

〈사이언스〉의 표지 모델이 된 아기 돼지 옆에는 큰 글씨로 '크리스퍼 돼지'라고 쓰여 있어. 그리고 그 밑에는 '이종 장기이식을 향한 한 걸음, 내인성 레트로바이러스 제거'라는 문구가 있지. 이걸 보고 어떤 생각이 들어? 나는 인간에게 크리스퍼 유전자가위를 적용한 사례가 있는지 궁금해지더라고. 그래서 조사해 봤더니 역시나 있더라고. 지금부터 그 이야기를 해줄게.

유전자가위로
에이즈도 치료하는 세상

2015년 하버드 의학전문대학원 부속병원과 보스턴 어린이병원 연구진이 세계 최초로 크리스퍼 유전자가위를 이용해 에이즈 환자의 치료를 시도했어. **에이즈**는 우리말로

'후천성 면역 결핍증'이라고 해. 이 감염병은 '인간 면역 결핍 바이러스HIV'가 인체에 들어와 서서히 면역 기능을 떨어뜨리면서 각종 감염증이나 악성 종양을 일으키는 질환이야. 흔히 HIV에 감염되면 에이즈에 걸린 것과 다름없다고 생각하는데, 그건 오해야. 에이즈는 HIV 감염의 최종 단계를 뜻하거든.

HIV도 코로나19와 생김새는 같아. 유전물질인 RNA를 감싸고 있는 단백질 막에는 돌기들이 나 있지. 그런데 인체에 들어온 바이러스나 병원균 등에 맞서는 백혈구 면역세포에서도 HIV의 돌기와 맞아떨어지는 수용체를 지닌 것들이 있어. 바로 이런 세포가 HIV의 공격 대상이 돼. HIV가 침투한 세포는 바이러스를 만드는 공장이 되고 말지.

연구진은 HIV를 치료하기 위해 크리스퍼 유전자가위를 이용했어. 골수에 있는 조혈모세포에서 HIV의 돌기와 잘 맞는 수용체를 유전자가위로 없앤 다음 이식하는 방법을 썼지. **조혈모세포**는 적혈구, 백혈구, 혈소판 등을 만드는 줄기세포를 말해. 결과는 성공적이었어. 치료 효과를 입증했거든. 하지만 연구진은 예상치 못한 합병

증이 생길 가능성을 배제할 수 없다며 유전자가위 치료법을 안전하게 사용하려면 연구가 더 필요하다고 강조했단다.

대한민국 식품의약품안전처도 2017년에 펴낸 〈유전자가위 기술 연구개발 동향 보고서〉에서 유전자가위 기술이 난치병 치료에 핵심 역할을 할 거라고 기대했어. 그러면서도 새로운 기술이 안전하고 정밀해야 한다고 의견을 분명히 밝혔지. 그로부터 6년이라는 세월이 흐른 2023년 11월 16일, 드디어 크리스퍼 유전자가위로 만든 신약 캐스게비Casgevy가 영국에서 승인받았어. 이로써 '낫적혈구병'이라는 유전 질환을 치료할 길이 열렸단다.

낫적혈구병은 이름대로 적혈구를 낫처럼 구부러뜨리는 질병이야. 이렇게 변형된 적혈구는 원반 모양인 정상 적혈구보다 기능이 현저히 떨어지거든. 그래서 환자는 악성 빈혈로 고통받곤 하지. 때때로 낫 모양 적혈구들이 뭉치면 모세혈관을 막아 혈액 흐름을 방해하면서 여러 조직에 손상을 일으키기도 하니 심각한 질병이야.

유전병인 낫적혈구병을 완전히 고치려면 유전자를

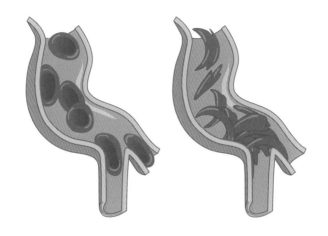

정상 적혈구(왼쪽)와 낫 모양 적혈구(오른쪽)

교정해야만 하는데, 말이 쉽지. 유전자 교정은 어려운 정도를 뛰어넘어 '미션 임파서블' 수준이었어. 그런데 이걸 크리스퍼 유전자가위를 장착한 세포 치료제 캐스게비가 해낸다는 거야. 어떻게 불가능을 가능하게 하는지 궁금하지? 그 작동 원리를 이해하려면 혈액에 대한 기본 지식이 필요하니까 먼저 피에 관해 알아보자.

혈육의 정이 깊음을 가리켜 '피는 물보다 진하다'고 하잖아. 과학적으로도 맞는 말이란다. 혈액은 모양새가 마치 설탕을 탄 미숫가루 물 같아. 미숫가루는 물에 섞여

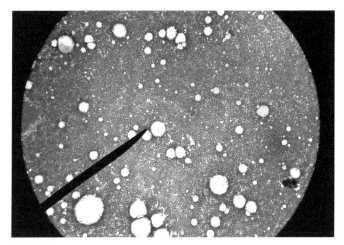

골수에 있는 혈구

있고 설탕은 물에 녹아 있지. 컵에 든 미숫가루 물을 가만
히 두면 미숫가루는 바닥으로 가라앉잖아. 혈액도 마찬
가지야. 설탕물에 해당하는 액체를 '혈장', 미숫가루처럼
혈장에 섞여 있는 입자를 통틀어 '혈구'라고 불러. 혈구에
는 적혈구, 백혈구, 혈소판 이렇게 세 종류가 있어.

　　혈구는 수명이 있어서 몸속에서 끊임없이 새로 만들
어져. 이 일을 조혈모세포가 담당한다고 얘기한 거 기억
하지? 신약 캐스게비는 바로 이 세포를 공략하는 거야.
말하자면 골수에서 적혈구를 만드는 조혈모세포의 비정

상 유전자를 크리스퍼 유전자가위로 교정한 후 다시 골수에 넣어 정상 적혈구가 만들어지게 하는 거지.

영국에서 승인한 지 한 달 만에 미국식품의약국도 이 신약을 승인했어. 참고로 미국에서는 '엑사셀'이라는 이름으로 선보였어. 이처럼 크리스퍼 유전자가위는 유전자 편집 기술의 혁명을 이끌고 있어. 하지만 이건 시작일 뿐이고 한층 더 업그레이드된 크리스퍼 유전자가위가 속속 등장할 거야.

유전자가위의 미래는?

캐스게비가 승인받으며 1세대 크리스퍼 유전자가위 기술은 입증된 셈이야. 다시 말해 문제가 되는 DNA 부위를 잘라서 유전자의 일부 기능을 없앨 수 있게 된 거지. 하지만 이런 절단 방식으로 DNA 염기를 바꾸거나 추가해 유전정보를 교체하는 데에는 한계가 있어. 이를 극복하기 위해 차세대 기술 개발 연구가 활발하게 진행 중이야. 그 가운데 하나가 DNA를 자르지 않고 염기쌍 하나를 다른 염기로 바꾸는 **단일염기 편집** 기술이야.

　이 새로운 유전자가위는 캐스9 단백질의 DNA 절단 기능을 제거하고, 대신 '탈아미노 효소'를 붙여서 만들었어. 그러면 표적 DNA를 끊어 내지 않고 아데닌을 구아닌으로, 또는 사이토신을 티민으로 바꿀 수 있단다. 무슨 말인지 잘 모르겠다고? 물론 그럴 수 있어. 걱정하지 말고 잘 들어 봐.

　여기서 다른 그림 찾기 퀴즈! 다음의 염기 구조를 자세히 살펴봐. 아데닌과 구아닌 그리고 구아닌과 사이토

아데닌(A)　　　　　구아닌(G)

티민(T)　　　　　사이토신(C)

염기 구조

신 구조에서 다른 점은?

차이점 하나가 눈에 확 들어오지 않니? 아미노기 -NH_2가 있고 없고 하잖아. 그러니까 아미노기를 없애면 아데닌을 구아닌으로, 사이토신을 티민으로 바꿀 수 있지. 그래서 유전자가위에 탈아미노 효소를 붙인 거야.

이 신형 크리스퍼 유전자가위는 DNA를 자르지 않고 원하는 염기 하나만 바꿀 수 있어 더 안전하다는 장점이 있어. 다만 아데닌과 사이토신 2개 염기밖에 교체하지 못한다는 단점이 있지. 그래도 단일염기 편집 기술은 낭포성 섬유증과 백혈병 치료제 개발에 쓰이며 임상시험을 진행하고 있대.

또 다른 차세대 유전자 교정 기술은 **프라임 편집**이야. DNA는 2개의 가닥이 꽈배기처럼 베베 꼬여 있는 구조로 이루어져 있어. 기존 크리스퍼 유전자가위는 DNA의 두 가닥을 모두 잘라서 편집해야 했어. 그다음 세포 자체의 복구 시스템을 이용해 다시 연결했지.

문제는 절단 부위에서 의도치 않게 DNA가 들어가거나 없어지는 문제가 무작위로 일어난다는 거야. 그래서 DNA를 두 가닥이 아니라 한 가닥만 자르도록 캐스9

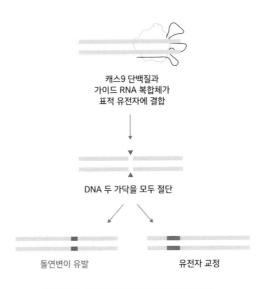

캐스9 단백질과
가이드 RNA 복합체가
표적 유전자에 결합

DNA 두 가닥을 모두 절단

돌연변이 유발   유전자 교정

크리스퍼-캐스9 유전자가위의 유전자 교정

효소를 변형하고 여기에 **역전사 효소**를 붙였어. 참고로
1970년 레트로바이러스라는 바이러스에서 처음 발견
된 역전사 효소는 RNA를 틀로 삼아 DNA를 합성하는
효소야.

　프라임 편집기에 들어가는 RNA는 교정하려는 부위
와 새로 추가할 유전정보로 이루어져 있어. 작동 원리를
살펴볼까? 먼저, 표적이 되는 DNA의 한 가닥만 절단해.
그리고 역전사 효소가 RNA에 있는 유전정보를 DNA로

프라임 편집기 단백질과
프라임 편집 가이드 RNA 복합체가
표적 유전자에 결합

새로운 DNA 가닥

DNA 한 가닥만 절단한 후
원하는 유전정보를 합성

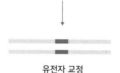

유전자 교정

프라임 편집기의 유전자 교정

만들어 추가하는 거야. DNA를 한 가닥만 잘라 내니까 그
만큼 안전하고 원하는 유전정보를 정확히 넣을 수 있다
는 점에서 크게 발전한 기술로 인정받고 있어.

이전 기술과 비교해 설계와 교정 방법이 좀 더 복잡
하다는 게 아쉬운 부분이긴 해. 하지만 최근 미국식품의
약국은 유전병을 치료하기 위한 프라임 편집 치료제의

1단계: 핵산분해효소

선택한 DNA 염기서열을 자르는 유전자가위와 같은 역할

2단계: 단일염기 편집

지우개가 달린 연필처럼 하나의 DNA 문자를 다른 문자로 다시 쓰는 것과 같은 역할

3단계: 프라임 편집

하나의 DNA 염기서열을 찾아 다른 순서로 바꾸는 것으로, 다시 말해 검색과 교체 기능을 하는 워드프로세서와 같은 역할

크리스퍼 유전자가위 기술의 발전 과정

임상시험을 승인했대. 이렇듯 크리스퍼 유전자가위는 더 정밀하고 안전하며 효율적으로 쓰이기 위해 꾸준히 연구되고 있어. 머지않아 다양한 질병 치료에 활용될 수 있을 것으로 기대하고 있지.

바쁘다 바빠

요점만 싹둑! 공부 절취선

✂

매머펀트

빙하기에 멸종한 매머드를 복원하기 위해 매머드와
오늘날 아시아코끼리의 유전자를 편집해 탄생시키려는 생명체

이종 장기이식

돼지와 같은 동물에서 기관이나 조직, 세포 등을 얻어
치료를 목적으로 사람에게 이식하는 것

에이즈

후천성 면역 결핍증으로, HIV가 인체에 들어와 서서히 면역 기능을
떨어뜨리면서 각종 감염증이나 악성 종양을 일으키는 질환

조혈모세포

적혈구, 백혈구, 혈소판 등을 만드는 줄기세포

단일염기 편집

DNA를 자르지 않고 염기쌍 하나를 다른 염기로 바꾸는 기술

프라임 편집

DNA 염기서열을 정밀하게 교정하는 차세대 유전자 편집 기술로,
DNA의 두 가닥을 모두 자르지 않고 한 가닥만 절달하는
캐스9 효소와 역전사 효소를 이용함

역전사 효소

RNA를 틀로 삼아 DNA를 합성해 내는 효소

4장

유전자를 마음대로
가위질해도 될까?

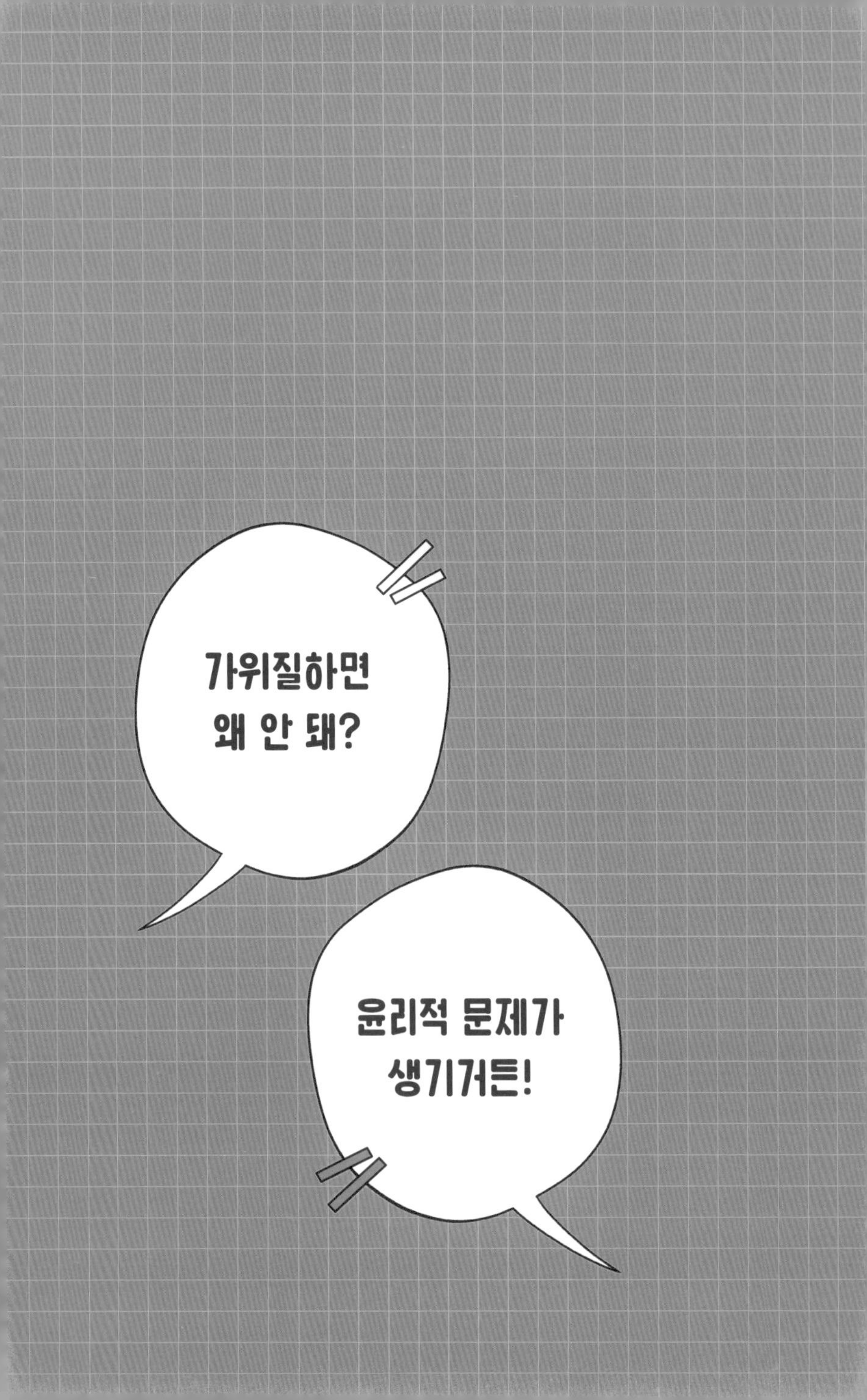
가위질하면 왜 안 돼?
윤리적 문제가 생기거든!

지금은 바이오 시대

이른바 '바이오 시대'가 왔다고 하잖아. 생물학 공부에 진심인 나는 도대체 왜 바이오 시대인가를 곰곰이 생각해 봤어. 1장에서 멘델과 다윈의 업적을 소개한 거 기억하지? 멘델의 유전법칙과 다윈의 진화론이 세상에 알려지고 100년이 안 지나서 DNA 구조가 밝혀졌잖아. 그로부터 50년 후 인류는 인간을 비롯한 다양한 생명체의 유전 정보를 완전히 해독하고, 이제는 이를 바탕으로 생명체를 원하는 대로 설계하고 바꿀 수 있는 경지에 이르렀단 말이야.

말하자면, 이제 생물학은 DNA라는 생명의 소프트웨어를 편집해서 생명체라는 하드웨어를 바꾸어 나가고 있어. 정말 중요한 건 나날이 발전하는 기술 자체가 아니라 그 기술을 사용하는 우리의 지혜라고 생각해. 이런 맥락에서 유전부호 해독의 물꼬를 텄던 미국의 과학자 마셜 니런버그가 1967년 〈사이언스〉에 발표한 글 일부를 소개할 테니 한번 들어 봐.

"기술적인 장애물이 많지만, 결국 모두 극복할 것이

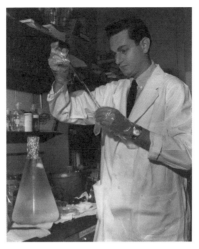

미국의 과학자 마셜 니런버그

다. 추측건대, 앞으로 25년 안에 유전정보를 합성할 수 있을 것이다. 인간은 자신의 세포를 편집할 수 있게 될 것이다. 그 결과를 제대로 평가하고 거기에 따른 윤리적, 도덕적 문제들을 해결할 역량을 갖추기도 전에 말이다. 이런 기술은 인류에게 이로운 방향으로 사용할 만큼 지혜를 충분히 갖출 때까지 사용을 자제해야 한다. 미리부터 문제를 제기하는 이유가 있다. 이 기술을 적용하기 위한 결정은 궁극적으로 사회 구성원이 내려야 하는데, 내용을 잘 알아야만 현명한 결정을 내릴 수 있기 때문이다."

'사회는 준비하고 있는가?'라는 제목으로 쓴 글인데 그때 당시에 저런 예상을 했다니 정말 대단하지 않아? 반세기가 더 지난 현재를 사는 우리가 유전자 편집 기술을 잘 사용할 준비가 되어 있는지 실제 사례를 보면서 생각해 보자.

유전자 드라이브로
모기 박멸!

여름철 불청객 모기, 정말로 골치 아픈 해충이잖아. 우리를 물어서 간지럽게 하는 건 말할 것도 없고 말라리아와 일본뇌염 같은 각종 감염병을 퍼뜨리는 주범이니까 말이야. 모기는 보통 수액과 과즙 따위를 빨아먹는데, 암컷은 산란에 필요한 영양분을 얻기 위해 흡혈해. 지금까지 세계적으로 대략 3,000종이 넘는 모기가 알려졌는데, 우리나라에 사는 모기는 50종 남짓 보고되어 있어. 그중 각각 말라리아와 일본뇌염을 옮기는 말라리아모기(얼룩날개모기)와 작은빨간집모기가 가장 문제야. 참고로 말라리아모기는 꽁무니를 들고 앉아 있어.

2015년, 미국 연구진이 말라리아모기를 퇴치하기 위한 획기적인 방법을 제안했어. 유전자 드라이브를 이용하겠다는 거였지. **유전자 드라이브**는 멘델 유전법칙에 어긋나게 특정 유전자를 다음 세대에 전달하는 기술이야. 유전자 드라이브를 이용하면 생명체의 생식세포에 있는 특정 유전자가 모든 후손에게 퍼지게 돼. 이 기술을 이용해서 연구진은 말라리아모기 집단에 불임 유전자를 퍼뜨리기로 한 거야.

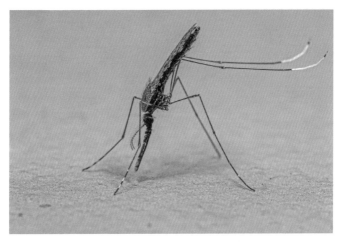

말라리아를 일으키는 얼룩날개모기

연구 과정을 살펴볼까? 먼저, 수컷 말라리아모기의 유전자를 편집해. 불임 유전자와 유전자가위를 수컷 모기에 넣는다는 말이야. 이 수컷 모기를 야생 암컷 모기와 짝짓기시키면, 둘 사이에서 태어난 후손 모기들은 수컷 모기에게 불임 유전자를, 암컷 모기에게는 가임 유전자를 물려받게 돼.

자, 이제부터가 시작이야. 크리스퍼 유전자가위가 작동하면서 암컷 모기에게 물려받은 가임 유전자를 잘라 버리거든. DNA 일부가 잘려 나가면 세포는 손상된 부위를 스스로 복구해. 이때 같은 부위를 기준으로 복구하기 때문에 불임 유전자가 복사되거든. 결국 자손 모두가 불임 상태가 되어 후손을 낳지 못하게 되는 거야.

유전자 드라이브는 모기 퇴치와 감염병 예방에 큰 도움이 될 거야. 하지만 다양한 생물이 영향을 주고받는 **생태계**에 미칠 영향을 가늠할 수 없으니 한편으로 걱정되는 게 솔직한 심정이야. 예컨대, 불임 모기를 자연에 풀어 놓은 후 예상치 못한 돌연변이가 생겨나거나 변형된 유전자가 다른 종으로 옮겨 간다면 어떻게 되겠어? 그 결과를 두고 찬반 논쟁이 뜨거워.

이 연구를 옹호하는 과학자들은 모기는 생태계 먹이 사슬 아래쪽에 있으니 사라지더라도 자연에 미칠 영향은 별로 없을 거로 예상해. 쉽게 말해서 모기가 사라져도 모기를 대신할 다른 생물이 많다는 얘기야. 따라서 모기로

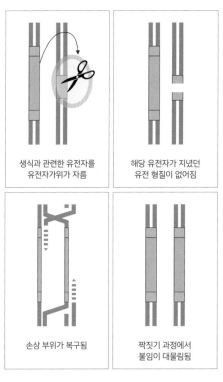

생식과 관련한 유전자를
유전자가위가 자름

해당 유전자가 지녔던
유전 형질이 없어짐

손상 부위가 복구됨

짝짓기 과정에서
불임이 대물림됨

유전자가위를 이용한 모기 불임 유도 과정

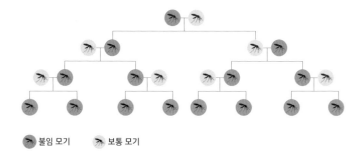

불임 모기   보통 모기

유전자 드라이브로 모든 모기가 불임이 되는 과정

매년 수백만 명의 사람이 병을 앓고 사망에 이르는 상황에서 모기가 사람에게 미치는 피해를 막는 것이 우선이라고 주장하고 있지.

한편 인위적인 박멸보다 공생을 주장하는 목소리도 있어. 이들은 모기의 애벌레인 장구벌레가 잠자리 애벌레와 물고기를 비롯한 많은 생물의 먹이가 되므로, 모기가 사라지면 생태계에 어떤 변화가 생길지 아무도 모른다고 우려해.

일부 환경단체는 기술의 안정성이 담보되지 않은 현재 상태에서 유전자 변형 모기를 자연에 풀어놓는 것은 무모한 도박 수준을 넘어 무책임한 범죄가 될 수 있다고 주장해. 국제연합UN에 유전자 드라이브 기술 자체를 막아달라고 요청하기도 했어. UN 다양성 위원회가 이를 받아들이지는 않았어. 유전자를 바꾼 모기를 연구해도 되지만 야생 방출은 아직 안 된다는 결정을 내렸지. 어때, 미래를 내다본 듯한 니런버그의 당부가 다시금 떠오르지 않니?

맞춤 아기의 등장

1997년에 개봉한 영화 〈가타카〉는 유전자로 모든 것을 평가받는 섬뜩한 미래 사회를 그리고 있어. DNA를 이루는 염기 4개를 조합한 제목 'GATTACA'는 영화 속 우주항공 회사의 이름이야. 보통 SF 영화들이 먼 미래의 이야기를 다루는 것과는 다르게 〈가타카〉는 '너무 멀지 않은 미래'라는 자막이 나오며 시작해. 이 미래 사회에서는 자연임신으로 태어난 인간이 최첨단 유전공학 기술의 힘을 빌려 탄생한 사람들에 비해 유전자가 열등하다는 낙인이 찍혀 사회적 불이익을 받아. 한마디로 '유전자 차별 사회'

인 거지. 영화가 보여 주는 미래가 어쩌면 우리의 현재일 수 있다는 생각을 종종 하곤 해.

실제로 2015년 중국 연구진이 크리스퍼 유전자가위 기술을 최초로 인간 배아에 적용해 유전자 편집을 시도한 연구 결과를 발표했어. 태어나지도 않은 인간의 유전 정보를 마음대로 편집하는 게 과연 옳은지에 대한 윤리적 문제는 접어 두고라도, 완전히 검증되지 않은 기술을 인간 배아에 사용하는 것은 과학적으로 온당치 못하다는 우려의 목소리가 높았지.

그런데도 영국 정부는 2016년 세계 최초로 크리스퍼 유전자가위를 이용한 인간 배아의 유전자 교정 연구를 허가했어. 이윽고 2018년, 중국 남방과학기술대학교 허젠쿠이 교수가 에이즈에 걸리지 않도록 유전자를 교정한 쌍둥이 아기를 태어나게 했다고 발표해 큰 파문을 일으켰어. 전 세계적으로 그가 생명윤리를 심각하게 위반했다는 비난이 일었고, 중국 사법 당국은 그를 불법의료행위 죄로 기소한 뒤 징역 3년을 선고했어. 맞춤 아기의 탄생이라는 영화 속 이야기가 현실로 다가온 거야. **맞춤 아기**는 목적에 맞춰 유전자를 미리 편집해서 태어나는 아

유전자 편집 아기를 만들어 논란을 일으킨 중국의 허젠쿠이

기를 말해.

그런데 말이야, 미국은 이미 2008년에 유전자 정보 차별 금지법을 만들어 영화와 같은 사태에 대비했어. 이렇게 발 빠른 준비를 한 데에는 그만한 이유가 있어 보여.

2003년 4월, 미국 국립 인간게놈연구소는 다국적 공동 연구진과 함께 인간 게놈 프로젝트를 마무리했다고 선언했어. DNA 구조를 밝혀낸 지 반세기 만에 인간 DNA를 이루는 약 30억 개의 염기쌍을 모두 읽어 낸 역사적인 순간이었지. 비유하자면, 30억 개의 알파벳으로 쓴 총 23장(인간 염색체 수는 23쌍)의 책 한 권을 완독한 거야. 이 프로젝트를 계기로 인간의 마음속에서 '생명 책'의 독자를 넘어 작가가 되고 싶은 욕망이 피어났지.

인간 게놈 프로젝트가 끝난 뒤 여러 과학자가 **합성생물학**을 주장했어. 유전정보를 읽어 내는 능력이 있으니, 이제부터 유전정보를 조립해서 새로운 생명체를 만들어 내자는 주장을 펼친 거야. 2004년 6월 마침내 첫 번째 합성생물학 국제학술회의인 '합성생물학 1.0'이 미국 매사추세츠 공과대학교에서 열렸어. 그 뒤로 합성생물학은 다양한 학문을 다루는 연구자들이 참여하는 융합 학문으로 발전해 왔어.

그 가운데 생명체를 컴퓨터와 같은 기계처럼 바라보는 과학자들이 나타났어. 생명체를 교체할 수 있는 부품처럼 쪼개면 더 체계적으로 이해할 수 있다는 생각을 하는 거야. 이렇게 얻은 지식에 첨단 유전자 편집 기술을 적용하면 생명체를 입맛에 맞게 마음대로 바꿀 수 있게 될 거야. 이런 예측은 점차 실현되고 있어. 방금 소개한 맞춤 아기의 탄생처럼 말이야.

유전자를 편집할
권리가 있을까?

크리스퍼 유전자가위 기술을 적용할 대상과 범위가 늘어나면서 이를 둘러싼 논쟁도 그만큼 치열해지고 있어. 중요한 문제니까 우리도 함께 생각해 보자. 내가 지금까지 이야기를 하면서 유전자 '편집' 또는 '교정'이라는 표현을 수시로 썼잖아. 영어 'gene editing'을 우리말로 옮긴 건데, 너희가 보기에는 어느 말이 더 적절한 번역 같아? 크리스퍼 유전자가위 연구자들은 보통 '교정'을 더 좋아해. 교정의 사전적 의미가 '잘못된 글자나 글귀 따위를 바르게 고침'이니까, 유전자 교정이 좀 더 긍정적으로 들려서 그런 듯해.

그런데 말이야, 교정을 하려면 옳고 그름을 판단할 기준이 있어야 해. 그러려면 먼저 무엇이 옳고 그른지 질문하고 답을 구해야겠지. 심도 있는 소통을 통해 다양한 의견을 수렴하고 합의를 끌어내야 한단 말이야. 아마도 크리스퍼 유전자가위 기술을 유전병을 비롯한 난치병을 치료하거나 예방 목적으로 사용하는 데에는 모두 동의할 거로 생각해. 하지만 좀 더 들어가면 어디까지가 치료와 예방이고 어디부터가 신체 능력 강화인지 경계가 흐려지고 말아.

　2015년 12월, 미국의 수도 워싱턴D.C.에서 '국제 인간 유전자 교정 정상회담'이 열렸어. 세계 20개 나라에서 모인 500여 명의 전문가가 유전자 교정에 관한 의견을 나누고 큰 틀에서 합의점을 찾고자 노력했지. 다양한 논의가 있었는데 그중 핵심 이슈는 두 가지였어. 크리스퍼로 대표되는 유전자 교정 기술을 인간 배아나 생식세포에 적용할 것인가, 그리고 적용한다면 어디까지 허용할 것인가에 대해 이야기했지.

　기나긴 토의를 거쳐 맞춤 아기를 만들기 위한 인간 배아의 교정 연구는 자제하는 것이 좋지만, 유전자 교정 연구를 당장 멈추지는 말자는 합의안이 나왔어. 인간 배아의 유전자 교정에 찬성하는 측에서는 이런 조처가 최악의 상황을 낳는 빌미가 될 수 있다고 주장했어. 인간 배아를 대상으로 하는 유전자 교정을 금지해도 몰래 연구하는 사람이 있을 거란 거였지. 다시 말해 제도권 안에서 연구를 허가하는 것이 훨씬 안전하다는 이야기였어.

현재 인류는 모든 생명체의 유전자를 원하는 대로 편집할 수 있는 능력이 있어. 그만큼 이를 안전하고 올바르게 사용하기 위한 기준을 세우는 일이 시급해졌지. 유전자는 자기들끼리는 물론이고, 생명시스템 안팎을 오가는 다양한 신호와 얽혀 네트워크를 이룬단 말이야. 따라서 나무가 아닌 숲을 봐야만 그 기능을 제대로 평가할 수 있어. 그러니 단순히 개별 기능을 아는 수준에서 유전자를 좋고 나쁨이라는 이분법적 잣대로 평가하는 건 매우 위험할 수 있어.

생명을 음악에 비유한다면, 지금 우리는 악보에 쓰인 음표를 읽어 멜로디만 알 뿐이야. 아직 화음과 리듬이 어우러진 완전한 곡을 연주하지는 못하는 상태인 거지. 덧붙여 우리 인간에게 생명체의 유전자를 마음대로 편집할 권리가 있는지도 깊이 생각해 봐야 해.

'바이오'에 숨은 의미

생물학을 뜻하는 영어 단어 'biology'는 각각 '생명'과 '학
문'을 의미하는 고대 그리스어 비오스bios와 로고스logos
가 합쳐진 말이야. 그런데 비오스에는 전혀 다른 두 가지
의미가 담겨 있다고 해. 강세를 앞에 두면 '활', 뒤에 두면
'생명'을 뜻한대. 그래서 고대 그리스 철학자 헤라클레이
토스는 "활은 생명을 뜻하지만, 하는 일은 죽음이다"라는
말을 남기기도 했어.

　활은 내 생명을 지키기 위해 다른 생명체를 공격하
는 무기잖아. 옛 철학자는 생명과 죽음이 하나임을 말하
고자 했던 거야. 그런데 말이야, 생물의 변형과 복제를 넘
어 설계와 제조까지 시도하는 현대 생물학에서 내 눈에
는 비오스의 두 얼굴이 얼핏얼핏 보여.

　생물학은 21세기에 들어서 더욱 빠르게 발전하고 있
어. 미생물과 동식물은 물론이고 심지어 인간마저 변형
시키는 경지에 이르렀지. 생물학은 영향력이 커질수록
미래를 올바르게 이끌 지혜가 절실해졌어. 앞서 소개한
니런버그의 통찰력처럼 말이야. 어떻게 해야 그런 지혜

를 기를 수 있을까? 아무래도 과학에만 머물러서는 힘들 듯해. 현재 생물학이 느끼는 한계를 넘어서려면 다른 학문, 특히 인문예술과 만나 대화해야 한다고 생각해. 그러면 생각의 깊이가 넓어져 다양한 아이디어를 떠올릴 수 있을 것 같아.

헤라클레이토스는 이런 말도 남겼어. "만물의 이치가 어떻게 서로 어긋나면서도 들어맞는지 사람들은 이해하지 못한다. 그것은 마치 '활과 리라'처럼 반대로 당기는 조화다." 헤라클레이토스는 변화를 중시한 철학자였어. 그는 서로 대립하는 것들 사이에서 일어나는 팽팽한 긴장과 조화가 세상의 참된 이치이며 창조의 동력이라고 보았대. 부르르 떨리는 활시위에서는 먼 거리를 단숨에 날아가는 폭발적인 힘이 터져 나오며, 리라의 팽팽한 현에서는 음들의 아름다운 하모니가 울려 퍼지니까 말이야. 이처럼 헤라클레이토스는 만물은 서로 반대되는 차이들이 부딪히면서 조화로운 균형을 이룬다고 생각했던 거야. 그리고 이를 '활과 리라'에 빗대어 표현했지. 대립하는 생각들이 내보이는 탄력을 통해 창의적인 아이디어가, 이른바 '톡톡 튀는' 생각이 나올 수 있음을 말하는 거지.

‘활과 리라’를 소개한 이유는 생물학과 다른 학문의 만남에서 지켜야 할 원칙을 알려준다고 생각하기 때문이야. 절실함만으로 무작정 덤벼들면 그야말로 ‘아무 말 대잔치’가 되기 쉬워. 우리에게 필요한 건 정교한 조율이야. 우리가 일상에서 나누는 대화도 비슷하잖아. 우선 상대의 이야기를 경청해야 해. 그것도 현대 생물학의 한계를

리라가 나오는 그림

인정하는 열린 자세로 말이지. 이건 상대방도 마찬가지야. 그래야만 두 분야가 대화를 나눌 수 있는 접점이 생기고, 바로 거기서 창조적 융합이 일어나지.

약 2,700년 전에 살았던 한 철학자가 세상은 물로 되어 있다고 주장했대. 서양 철학의 아버지라고 일컬어지는 탈레스의 생각이었어. 우리 현대인에게는 이 주장이 뜬금없는 헛소리로 들릴 거야. 하지만 신들이 세상을 만들어 지배한다는 신화가 다스리던 시대에는 달랐지. 따지고 보면 물은 세상이 아니더라도 생명의 근원은 될 수 있어.

탈레스는 직접 관찰한 것과 들어맞지 않는 자연현상에 관한 주장은 받아들이려 하지 않았대. 새로운 사고 체계의 씨앗을 뿌린 셈이지. 여기서 돋아난 싹이 오늘날 우리가 '과학'이라고 부르는 울창한 나무로 자라난 거야. 이 나무는 많은 가지를 뻗어 내며 다양한 과학 분야를 탄생하게 했지. '생각의 힘'을 여실히 보여 주면서 말이야.

새로운 생각은 우리가 세상을 바라보는 시각을 깊어지게 하거나 완성하고, 아니면 바꾸어 놓곤 해. 최근 반세기 동안 인류가 새롭게 접한 정보의 양이 인류 문명의 시작부터 그 이전까지 알고 있었던 양보다도 많다더라. 그렇다면 이제 우리에게 가장 필요한 것은 무엇이겠어? 넘치는 정보를 꿰어 새로운 지식을 만들어 내는 능력, 곧 창의력 또는 상상력이 아닐까? 바로 '생각의 힘'에서 맺어지는 열매지. 많이 읽고, 많이 생각해서 열린 마음으로 많이 대화하자. 그러면 자연스레 좋은 생각이 융합되어 지혜가 생길 테니.

바쁘다 바빠

요점만 싹둑! 공부 절취선

유전자 드라이브

멘델 유전법칙에 어긋나게 특정 유전자를
다음 세대에 전달하는 기술

생태계

다양한 생물과 환경이 서로 영향을 주고받는 시스템

맞춤 아기

목적에 맞춰 유전자를 미리 편집해서 태어나는 아기

합성생물학

유전정보를 바탕으로 생명체를 변형하거나,
새롭게 설계해 만들어 내는 학문 분야

다른 포스트

뉴스레터 구독

오 도 독 ∵ 05

오늘은 유전자가위

초판 1쇄   2024년 3월 25일

지은이   김응빈

펴낸이   김한청
기획편집 원경은 차언조 양희우 유자영
마케팅   현승원
디자인   이성아 박다애
운영   설채린

펴낸곳 도서출판 다른
출판등록 2004년 9월 2일 제2013-000194호
주소 서울시 마포구 동교로 27길 3-10 희경빌딩 4층
전화 02-3143-6478 **팩스** 02-3143-6479 **이메일** khc15968@hanmail.net
블로그 blog.naver.com/darun_pub **인스타그램** @darunpublishers

ISBN 979-11-5633-608-2 44000
      979-11-5633-579-5 (세트)

다른 생각이
다른 세상을 만듭니다